ANDREAS WOJTA

MEINE WIENER KÜCHE

Ich liebe die Wiener Küche, weil sie im Grunde so wunderbar einfach ist.
Diese schmackhafte Einfachheit möchte ich mit den Rezepten in diesem Buch eindrucksvoll belegen. Wenige Zutaten und Handgriffe reichen für eine Küche, die in jeder Hinsicht glücklich macht.
Das haben mir auch enorm viele Zuseher der ORF-Kochshow „Frisch gekocht“ bestätigt.
Die permanente Nachfrage nach Rezepten zu meiner Wiener Küche war es schließlich auch, die den Ausschlag zur Produktion dieses Buches gab.

Dieses Buch ist absolut alltagstauglich: Sie brauchen keine Fonds, keine wahnwitzig teuren Zutaten. Dafür müssen Sie aber auch den Suppenwürfel nicht schamvoll verstecken und erfahren, was Sie mit eventuell anfallenden Resten anfangen können.
Gleichzeitig soll meine Wiener Küche aber auch praktizierter Denkmalschutz für eine Küche sein, die ich selbst bei meiner Großmutter und Mutter gelernt habe und die mittlerweile ein wenig ins Abseits gedrängt wird. – So gut wie alle Speisen werden Ihnen ein Begriff sein, aber nur noch wenige davon werden regelmäßig in Restaurants angeboten.
Was schade ist, denn für den Fall, dass Sie es nicht wissen: Es gibt nur eine Küche, die nach einer Stadt benannt ist und das ist die Wiener Küche. Was nicht heißt, dass in anderen Städten schlecht gekocht wird, aber es gibt keine Londoner Küche, keine Pariser Küche und auch keine New Yorker Küche.

Andreas Wojta

So **schmeckt** Wien

Er kann nicht viel, aber kochen kann er, pflegte Franz Zodl, der legendäre Chef der Gastgewerbeschule am Wiener Judenplatz gerne über seinen Schüler Andreas Wojta zu sagen.
Heute erledigt der junge Herr jedenfalls schon einiges mehr. Er kocht nicht nur jeden Tag in seinem eigenen Lokal, er ist mittlerweile auch gefragter Fernsehstar. Besonders die mit viel Wiener Schmäh gewürzten Auftritte in der ORF-Kochshow „Frisch gekocht" haben Andreas Wojtas Popularitätswerte in die Höhe schnellen lassen.

Wojtas Lokal könnte ungewöhnlicher nicht sein. Das „Minoritenstüberl" liegt im Souterrain des Unterrichtsministeriums, einem Palais am Wiener Minoritenplatz. Hauptzweck ist die Verköstigung der dort arbeitenden Beamten, für die auch ein eigener Bereich reserviert ist. Um die wenigen verbleibenden Tische stehen wissende Feinschmecker, Touristen und Wojta-Fans aus den Bundesländern Schlange. Bedienung gibt es keine. Jeder holt sich sein Essen und sein Getränk vom Buffet.
Man ist ja hier in einer Kantine und - auch wenn es so schmeckt - nicht im Nobelbeisel.
Viele kommen sicherheitshalber schon kurz vor halb zwölf. Denn das Zeitfenster für Wiens ungewöhnlichsten Mittagstisch ist genau festgelegt: von 11.30 bis 13.30 Uhr. Oft ist um 13 Uhr die Speisenauswahl deutlich reduziert. Nur selten kostet ein Gericht mehr als 10 Euro, 6 Euro sind für die meisten Hauptspeisen die Regel.

„Ich finde das großartig, dass uns die Leute jeden Tag richtiggehend leer essen. So kann ich tatsächlich jeden Tag ganz frisch kochen. Wo gibt es das denn sonst noch, dass zum Beispiel die Rindsuppe jeden Tag neu aufgesetzt wird?" Warum es hier so gut schmeckt, wird durch einen kurzen Blick auf die biografischen Eckdaten klar. Der 1971 in Wien geborene Andreas Wojta perfektionierte nach der Kochlehre von 1989 bis 1993 seine Kochkünste im Restaurant „Korso" bei Reinhard Gerer, anschließend war er bis 1995 bei Eckart Witzigmann im Restaurant „Aubergine" in München tätig.
Seit nunmehr 12 Jahren serviert Wojta im „Minoritenstüberl" den Geschmack seiner Wiener Jugend: Beuschel, eingebrannte Erdäpfel, Linsen, Krautfleckerl, gefüllte Paprika mit Paradeissauce und Erdäpfelpüree, Naturschnitzel mit Reis, Backhendl ...

Ich koche jeden Tag frisch, weil mich meine Gäste täglich leer essen. - Gibt's was Schöneres? Nur das Gulasch wird für einige Tage vorgekocht, weil es mit jedem Aufwärmen noch besser schmeckt. Kochbeginn ist für mich um sechs Uhr früh, ab halb zwölf kommen die Gäste.

Familie und Freunde waren mit ein Grund, warum ich mit der Spitzengastronomie aufgehört habe. Ich kann nur gut kochen, wenn daheim alles stimmt.
Mit meiner Frau Gabi in Harmonie zu leben, meinen Sohn Sebastian aufwachsen zu sehen, war mir wichtiger als die große Gourmetkarriere im Ausland.

CENTENNIAL
U.C. OF BENETTON
CLUB
SUPPORTER

Wien und der Naschmarkt, eine nie enden wollende Affäre, die mir zugleich enorm viel kreatives Potenzial verleiht. Hier kommt der Schmäh nicht zu kurz, hier finde ich aber vor allem die Produkte für meine Küche. Manche übrigens immer schwieriger: Die Lunge fürs Beuschel hat kaum noch ein Fleischhauer im Programm - ein Alarmsignal eigentlich ...

Wiener **Kraut**fleckerl

Krautfleckerl sind für sich eine wunderbare Hauptspeise.
Ich serviere sie aber auch gerne als Beilage zu Schmorgerichten.

Zutaten für 4 Personen

1 Weißkrautkopf
2 Zwiebeln
500 g Teigfleckerl
Schweineschmalz oder Öl
1 TL Zucker
1 Spritzer Essig
1 Msp. Kümmel
Salz, Pfeffer

Weißkrautkopf halbieren, den Strunk herausschneiden, Kraut in 2-cm-Quadrate schneiden. Zwiebeln schälen und fein schneiden. Fleckerl in Salzwasser gemäß Packungsanweisung bissfest kochen. Schmalz oder Öl erhitzen, die Zwiebeln darin hellbraun anrösten. Zucker beigeben und kurz durchschwenken. Nun das geschnittene Kraut zufügen und unter ständigem Rühren eine schöne braune Farbe nehmen lassen. Mit Salz, Pfeffer, Essig und Kümmel abschmecken, die bissfest gekochten Fleckerl untermengen. Nochmals kurz durchziehen lassen und servieren.

Eierspeise mit Zwiebel

Achten Sie darauf, dass die Eierspeise beim Servieren eine gewisse Cremigkeit besitzt und die Eier nicht komplett durchgerührt sind. Es ist ja letztlich die schöne Marmorierung, die eine wirklich gute Eierspeise ausmacht.

Zutaten für 4 Personen

2 Zwiebeln
Schweineschmalz oder Öl
12 Eier
2 EL frisch geschnittener Schnittlauch
Salz, Pfeffer

Zwiebeln schälen und in feine Streifen schneiden. In einer beschichteten Pfanne Schmalz oder Öl erhitzen, Zwiebeln darin hellbraun anrösten. Die Eier hinzufügen, kurz stocken lassen. Eier rundum mit einem Kochlöffel vorsichtig von außen in die Pfannenmitte ziehen, sodass eine gelb-weiße Marmorierung entsteht. Die Oberfläche der Eierspeise sollte im Idealfall stets cremig-flüssig sein. Mit Salz und Pfeffer würzen. Eierspeise auf vorgewärmten Tellern anrichten und mit frisch geschnittenem Schnittlauch bestreut servieren.

Geröstete **Knödel** mit Ei

Dazu schmeckt mir am besten ein grüner Häuptelsalat mit einem Hauch Knoblauch. Achten Sie darauf, dass die gerösteten Knödel keine zu feste Konsistenz annehmen, da sie dadurch geschmacklos und trocken werden.

Zutaten für 4 Personen

2 Zwiebeln
4 gekochte Semmelknödel
Schmalz oder Öl
12 Eier
2 EL frisch geschnittener Schnittlauch
Salz, Pfeffer

Zwiebeln schälen und in feine Streifen schneiden. Knödel in beliebig große Stücke schneiden. In einer beschichteten Pfanne Schmalz oder Öl erhitzen und die Zwiebeln darin hellbraun anrösten. Knödel hinzufügen, kurz durchschwenken. Eier aufschlagen und zugeben, kurz anstocken lassen, mit Salz würzen. Die Mischung ein- bis zweimal durchschwenken, bis die Eier Struktur zeigen, aber noch nicht hart sind.
Die gerösteten Knödel auf vorgewärmten Tellern anrichten, mit frischem Schnittlauch bestreuen und mit frisch gemahlenem Pfeffer würzen.

Eiernockerl

Wenn ich den Nockerlteig noch flaumiger haben möchte, füge ich etwas Mineralwasser und Sauerrahm hinzu. Achten Sie bitte auch bei diesem Eiergericht auf die cremige Konsistenz!

Zutaten für 4 Personen

2 Zwiebeln
Schmalz oder Öl
12 Eier
2 EL frisch geschnittener Schnittlauch
Salz, Pfeffer

Für den Nockerlteig

300 g glattes Mehl
3 Eier
gut 250 ml Milch
Salz
Öl

Für die Nockerl Mehl, Eier, Milch und Salz zügig zu einem glatten Teig verarbeiten. In einem geräumigen Topf Wasser zum Kochen bringen, die Nockerlmasse mit einer Teigspachtel durch ein grobes Reibeisen (welches verkehrt herum verwendet wird) drücken und einkochen. Einige Male umrühren und ca. 2 Minuten köcheln lassen. Die Nockerl sind fertig, wenn sie an der Wasseroberfläche schwimmen. Danach in ein Sieb leeren, kalt abschrecken, mit etwas Öl beträufeln und bereitstellen.

Zwiebeln schälen und in feine Streifen schneiden. In einer beschichteten Pfanne Öl erhitzen, Zwiebeln braun anrösten. Die fertigen Nockerl hinzufügen und durchrösten. Eier aufschlagen, zugeben und kurz stocken lassen. Mit Salz würzen, einige Male durchschwenken, sodass die Eiernockerl eine schöne Marmorierung erhalten. Auf heißen Tellern mit frisch geschnittenem Schnittlauch und frisch gemahlenem Pfeffer servieren.

TIPP Für Zwiebelnockerl wie auf unserem Foto: Drei Zwiebeln schälen und in feine Streifen schneiden. In einer beschichteten Pfanne etwas Schmalz oder Öl erhitzen und die Zwiebelstreifen darin dunkelbraun anrösten. Die Nockerl zufügen, durchschwenken, mit Salz und frisch gemahlenem Pfeffer würzen. Wer im Kühlschrank etwas Speck oder Käse hat, gibt auch davon noch etwas dazu. Auf vorgewärmten Tellern anrichten und mit frisch geschnittenem Schnittlauch bestreuen.

Eingebrannte **Erdäpfel**

Ich verwende für die eingebrannten Erdäpfel am liebsten Erdäpfelsalat vom Vortag, da diese Erdäpfel von der Marinade herrlich durchzogen sind. Eventuell vorhandene Bratenreste verfeinern das Gericht ungemein.

Erdäpfel in Wasser weich kochen, danach schälen und in Scheiben schneiden. Essiggurkerl in Scheiben schneiden, Zwiebel und Knoblauch schälen und fein schneiden. Schweineschmalz erhitzen, geschnittene Zwiebel sowie Lorbeerblatt, Majoran, Knoblauch und angedrückte Wacholderbeeren hinzufügen. Ohne Farbe nehmen zu lassen kurz durchschwenken, mit Mehl stauben und bei mäßiger Hitze eine hellbraune Einbrenn herstellen, mit der Suppe aufgießen und kurz aufkochen lassen. Erdäpfel und Gurkenscheiben beigeben, kurz köcheln lassen, dann einige Minuten zugedeckt durchziehen lassen.
Vor dem Servieren nochmals mit Salz und Pfeffer, eventuell auch mit einem Spritzer Essig oder einer Prise Zucker abschmecken.

Zutaten für 4 Personen

500 g speckige Erdäpfel
2 Essiggurkerl
1 kleine Zwiebel
1 Knoblauchzehe
2 EL Schweineschmalz oder Öl
1 Lorbeerblatt
1 EL getrockneter Majoran
2 Wacholderbeeren
2 EL glattes Mehl
250 ml Rindssuppe (oder Wasser mit Suppenpulver)
Zucker oder Essig
Salz, Pfeffer

Grenadiermarsch

Der Name für diesen auch Durchmarsch genannten Schmarren stammt aus dem k. u. k. Kasernendeutsch. Es handelt sich, ähnlich wie beim Tiroler Gröstl, um ein klassisches Restlessen, das aber trotz aller Einfachheit eine üppige Versorgungslage voraussetzt.

Zutaten für 4 Personen

500 g Bratenreste und/oder gekochtes Rindfleisch
2 Zwiebeln
1 Knoblauchzehe
4 gekochte und geschälte Erdäpfel
ev. 1 Knödel vom Vortag
Schmalz
1 EL getrockneter Majoran
1 Hand voll gekochte Nudeln
Salz, Pfeffer

Fleisch in gleichmäßig große Würfel schneiden. Zwiebeln und Knoblauch schälen und fein schneiden. Erdäpfel und Knödel in Stücke schneiden, in einer Pfanne goldgelb anbraten. Zwiebel und Knoblauch in Schmalz anrösten, Fleischstücke sowie Majoran beigeben und nochmals scharf anbraten. Das Fleisch muss sich am Pfannenboden anlegen, nur so erhält der Grenadiermarsch seinen einzigartigen Geschmack.

Pfanne vom Herd nehmen, Nudeln, angebratene Knödel und Erdäpfel zufügen und durchmengen. Zugedeckt kurz durchziehen lassen, abschmecken und servieren.

Wurstnudeln

Die Masse muss sich am Pfannenboden leicht anlegen, erst dadurch entsteht der optimale Wurstnudelgeschmack.

Zutaten für 4 Personen

300 g Wurst- und Speckreste (Dürre, Wiener und Bauchspeck)
300 g Spiralnudeln
2 Zwiebeln
2 Knoblauchzehen
Schmalz oder Öl
1 EL Majoran
1 Msp. Kümmel
Salz, Pfeffer

Wurst- und Speckreste faschieren oder fein hacken. Nudeln bissfest kochen, abseihen und mit kaltem Wasser abschrecken. Zwiebeln und Knoblauch schälen, fein schneiden. Schmalz oder Öl erhitzen, Zwiebeln und Knoblauch darin goldgelb anrösten. Die Wurstmasse beigeben und gut durchrösten. Majoran, Kümmel und die Nudeln beimengen, mit frisch gemahlenem schwarzen Pfeffer und Salz abschmecken. Nudeln nochmals kurz durchziehen lassen und mit Salat servieren.

Rahm**linsen**

Ich würze die Linsen ausschließlich mit Suppenpulver, da sie dadurch einen wesentlich runderen, nicht so salzbetonten Geschmack bekommen. Man kann die Linsen auch mit etwas Speck verfeinern.

Zwiebeln und Knoblauch schälen und in feine Streifen schneiden. In einem Topf Schmalz erhitzen, darin Zwiebeln und Knoblauch goldgelb anrösten. Linsen zugeben, kurz durchschwenken, Majoran, Wacholderbeeren, Senf und Essig zufügen, kurz durchrühren und mit der doppelten Menge Wasser aufgießen.
Linsen 20 bis 25 Minuten bei mäßiger Hitze köcheln lassen, erst jetzt mit Suppenpulver würzen. Obers zugießen und nochmals kurz aufkochen lassen.
Linsen vom Herd nehmen, 5 bis 10 Minuten durchziehen lassen. Danach nochmals abschmecken und am besten mit Semmelknödel servieren.

Zutaten für 4 Personen

2 Zwiebeln
2 Knoblauchzehen
Schmalz oder Öl
250 g graue Linsen
1 EL getrockneter Majoran
2 angedrückte Wacholderbeeren
2 EL scharfer Senf
1 EL Essig
Suppenpulver
250 ml Obers

Letscho

Die ziemlich universelle Gemüsebeilage mit ungarischen Wurzeln. Als Beilage zu Lamm- oder Fischgerichten füge ich dem Letscho noch gerne frischen Rosmarin und Thymian hinzu. Als Beilage zu Schweinefleischgerichten gibt eine dicke Scheibe gekochter Bauchspeck dem Letscho den passenden deftigen Geschmack.

Paprika waschen, Kerngehäuse entfernen, in Würfel schneiden. Zwiebeln und Knoblauch schälen, klein schneiden. Schmalz in einem Topf erhitzen, Zwiebel und Knoblauch ohne Farbe nehmen zu lassen kurz anschwitzen. Die geschnittenen Paprika zufügen, durchrösten, mit Salz, Pfeffer und Zucker würzen, im eigenen Saft 2 bis 3 Minuten dünsten. Tomatenmark und Ketchup zufügen, mit etwas Wasser aufgießen, 10 bis 15 Minuten bei mäßiger Hitze köcheln. Das fertige Letscho sollte eine schöne sämige Konsistenz aufweisen.

Zutaten für 4 Personen

je 1 roter, grüner und gelber Paprika
2 Zwiebeln
2 Knoblauchzehen
Schmalz oder Öl
1 EL Tomatenmark
2 EL Ketchup
Salz, Pfeffer, Zucker

Bröselsoufflé

Mit einer kleinen Salatgarnitur eignet sich das Bröselsoufflé hervorragend als Vorspeise. Ich persönlich bevorzuge aber die Variante mit reichlich frisch geriebenem Parmesan als Abschluss einer Menüfolge.

Zutaten für 4 Personen

100 g Semmelbrösel
3 EL geriebener Käse (Parmesan oder Emmentaler)
250 ml Milch
3 Eier
1 TL Stärkemehl
Butter für die Formen
Salz, Pfeffer

Weißbrotbrösel mit Käse, Milch, Eiern und Stärkemehl vermengen, mit Salz und Pfeffer würzen, gut durchrühren. Hitzefeste Portionsformen mit etwas Butter ausstreichen, die Masse einfüllen. Für ein Wasserbad eine Bratenform mit Küchenpapier auslegen (so rutschen die Formen nicht) und bis auf etwa zwei Drittel der Höhe der Formen mit Wasser befüllen. Bröselsoufflé in diesem Wasserbad 20 Minuten im auf 180 °C vorgeheizten Rohr garen. Auf vorgewärmten Tellern anrichten.

Gebackene **Champignons** mit Sauce tartare

Ich verfeinere die Sauce tartare auf klassische Wiener Art noch gerne mit gehackten Eiern.

Für die Mayonnaise Eidotter, Senf, Salz, Zucker und Zitronensaft glatt rühren. Anfangs langsam in einem eher dünnen Strahl das Öl einfließen lassen und mit dem Handmixer oder Schneebesen einarbeiten. Die Mayonnaise ist fertig, wenn sich das Volumen der ursprünglichen Flüssigkeit beinahe verdoppelt hat und sie eine schöne helle Farbe angenommen hat. Für die Sauce tartare fügen Sie der Mayonnaise noch Essiggurkerln, Kapern, Knoblauch und Petersilie hinzu.

Champignons kurz waschen. Große Pilze halbieren, gut abtropfen lassen. Champignons in Mehl wenden, gut abschütteln. Durch verquirltes Ei ziehen und anschließend in Semmelbrösel wenden. In reichlich heißem Fett goldgelb backen. Danach herausnehmen und auf Küchenpapier abtropfen lassen bzw. abtupfen. Gebackene Champignons erst jetzt mit Salz würzen (dadurch bleiben die Champignons knusprig und verlieren beim Frittieren keinen Saft) und mit der Sauce tartare servieren.

Zutaten für 4 Personen

Für die Sauce tartare

2 Eidotter
1 TL Senf
Salz
Zucker
1 EL Zitronensaft
250 ml Öl
2 Essiggurkerl, fein gehackt
1 EL fein gehackte Kapern
1 TL fein gehackte Knoblauchzehen
1 EL gehackte Petersilie

Für die Champignons

1 kg Champignons
Mehl, Ei, Semmelbrösel zum Panieren
Salz

Paradeiser-Melanzani-Gemüse

Wenn es die Zeit erlaubt, bereite ich das Melanzani-Gemüse bereits am Vortag zu. So kann das Gemüse optimal durchziehen und seinen vollen Geschmack entfalten.

Zutaten für 4 Personen

500 g Paradeiser
Öl
3 Knoblauchzehen
1 EL Ketchup
1 TL Zucker
1 EL gehackte Petersilie
2 Melanzani
8 grüne Pfefferoni
Salz

Paradeiser in heißem Wasser kurz blanchieren, Haut abziehen, Fruchtfleisch in kleine Würfel schneiden. Etwas Öl erhitzen, geschnittenen Knoblauch ohne Farbe nehmen zu lassen kurz anschwitzen. Paradeiserwürfel hinzufügen, aufkochen lassen, Ketchup und Zucker beigeben. Sauce 2 bis 3 Minuten leicht köcheln lassen, gehackte Petersilie unterheben und beiseitestellen.

Melanzani waschen, in fingerdicke Scheiben schneiden, salzen und beidseitig scharf anbraten. Gebratene Melanzani auf Küchenpapier legen und abtropfen lassen, beiseitestellen. Pfefferoni waschen, der Länge nach halbieren, Kerne entfernen und ebenfalls beidseitig scharf anbraten. In einer Schüssel die Paradeisersauce, Melanzani und Pfefferoni schichtweise einlegen. Mit Klarsichtfolie abdecken und gut durchziehen lassen. Mit frischem Weißbrot servieren.

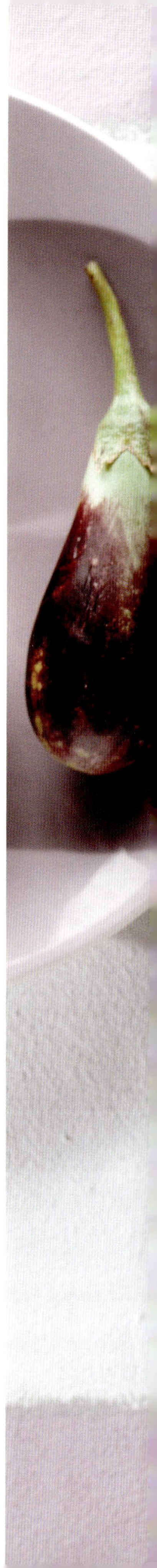

Gebackener **Karfiol** mit **Rote-Rüben**-Salat

In der klassischen Wiener Küche eignet sich der Rote-Rüben-Salat auch hervorragend als Beilage zu Rindfleisch.

Zutaten für 4 Personen

2 Karfiolköpfe
Mehl, Eier, Semmelbrösel zum Panieren
Öl
Salz

Für die roten Rüben

8 rote Rüben
1 Lorbeerblatt
1 TL Kümmelkörner
2 EL Essig
Zucker
Salz

Für die Marinade

Tafelessig
Kren
Zucker
Öl
Salz

Karfiol waschen und in beliebig große Röschen schneiden. Karfiol in kochendem Salzwasser bissfest blanchieren, danach in kaltem Wasser abschrecken und gut abtropfen lassen. Blanchierte Karfiolröschen in Mehl wenden, gut abschütteln, dann durch verquirltes Ei ziehen, anschließend in Semmelbröseln wenden. Panierten Karfiol in reichlich heißem Fett goldgelb backen. Karfiol nach dem Backen gründlich mit Küchenpapier abtupfen. Auf vorgewärmten Tellern mit Rote-Rüben-Salat servieren.

Für den Salat rote Rüben waschen, mit Lorbeerblatt, Kümmel, Essig, Salz und Zucker in 30 bis 40 Minuten weich kochen. Kurz abkühlen lassen, dann schälen. Rote Rüben entweder feinblättrig schneiden oder grob reißen. Mit Essig, Kren, Zucker, Öl und Salz nach eigenem Empfinden würzig abschmecken.

Gefüllter **Erdäpfel**puffer mit Brokkoli

Ich füge meiner Erdäpfelpuffermasse immer etwas Sauerrahm bei, damit diese hellgelb bleibt und sich nicht grau verfärbt.

Brokkoli waschen, in kleinere Stücke teilen und in Salzwasser bissfest kochen. Mit kaltem Wasser abschrecken und bereitstellen. Zwiebel und Knoblauch schälen, klein schneiden. In einem Topf etwas Öl erhitzen, Zwiebel und Knoblauch goldgelb anrösten, die Hälfte des Brokkolis hinzufügen, kurz durchschwenken und mit Obers aufgießen. Kurz aufkochen lassen, dann mit einem Stabmixer pürieren. Den restlichen Brokkoli dem Püree beimengen und abschmecken.

Für die Erdäpfelpuffermasse Erdäpfel, Zwiebel und Knoblauch schälen, auf einem feinen Reibeisen raspeln. Eier und Sauerrahm in die Masse mischen, mit Salz und Pfeffer abschmecken. Öl in einer beschichteten Pfanne erhitzen und die Erdäpfelpuffermasse beliebig groß auftragen, beidseitig goldgelb backen.
Fertige Erdäpfelpuffer in der Mitte mit etwas Brokkolicreme füllen, wie ein Omelette zusammenschlagen und auf vorgewärmten Tellern servieren.

Zutaten für 4 Personen

Für die Brokkolicreme

500 g Brokkoli
1 Zwiebel
1 Knoblauchzehe
Öl
250 ml Obers
Salz, Pfeffer

Für die Erdäpfelpuffer

700 g mehlige Erdäpfel
1 Zwiebel
3 Knoblauchzehen
2 Eier
2 EL Sauerrahm
Öl
Salz, Pfeffer

Überbackene **Schinkenfleckerl**

Mein Geheimnis für diesen Klassiker: Die Fleckerl sollten vor dem Backen eine schöne cremige Konsistenz aufweisen, damit sie dann beim Servieren nicht zu trocken sind.

Zutaten für 4 Personen

300 g Teigfleckerl
100 g Schinken
100 g durchzogener Bauchspeck
2 Zwiebeln
Schmalz
1 EL gehackter Knoblauch
1 EL Majoran
1 Msp. Kümmel
250 ml Sauerrahm
250 ml Obers
3 Eier
4 EL geriebener Parmesan (oder Emmentaler)
Salz, Pfeffer

Fleckerl in reichlich kochendem Wasser bissfest kochen, danach abseihen und kalt abschwemmen. Schinken und Speck in kleine Würfel schneiden. Zwiebeln fein schneiden. Schmalz erhitzen, Zwiebel und Knoblauch darin glasig anrösten, geschnittenen Schinken und Speck mitrösten. Mit Majoran, Kümmel, Salz und Pfeffer würzen, Fleckerl zugeben, durchschwenken und kurz durchziehen lassen.

Schinkenfleckerl in eine geräumige hitzefeste Form füllen. Sauerrahm, Obers und Eier vermengen, über die Fleckerl gießen und verrühren. Mit geriebenem Käse bestreuen und im auf 180 °C vorgeheizten Backrohr in 20 bis 25 Minuten goldgelb backen.

Fleischknödel mit Krautsalat

Ich gebe zu meinem Krautsalat gerne frisch angebratene Speckwürfel, dadurch wird er noch geschmackvoller.

Zutaten für 4 Personen

Für die Fülle

2 Zwiebeln
2 Knoblauchzehen
Schmalz oder Öl
500 g Faschiertes
1 EL getrockneter Majoran
1 Msp. Kümmel
Salz, Pfeffer

Für den Erdäpfelteig

500 g Erdäpfel
125 g Erdäpfelstärke
3 EL Grieß
Salz

Für den Krautsalat

1 kg Weißkraut
Tafelessig
Zucker
Öl
Salz

Für die Fülle Zwiebeln und Knoblauch schälen und klein schneiden. In einer Pfanne etwas Schmalz oder Öl erhitzen, Zwiebeln und Knoblauch beigeben, hellbraun anrösten. Faschiertes zufügen, gut durchrösten, mit Majoran, Kümmel, Salz und Pfeffer würzen. Masse etwas abkühlen lassen, kleine Knödel formen und im Tiefkühler hart werden lassen.

Für den Teig Erdäpfel kochen, schälen und noch warm pressen. Erdäpfelstärke, Grieß und Salz beimengen, zu einem Teig verkneten. Erdäpfelteig portionieren, mit der Faschiertenmasse füllen und Knödel formen.

Für den Salat den Weißkrautkopf vierteln, Strunk herausschneiden. Kraut in dünne Streifen schneiden. Mit Salz würzen, mit den Händen fest durchkneten (erst dadurch wird das Kraut mürbe und weich) und 15 Minuten durchziehen lassen. Mit Essig, Zucker und Öl marinieren.

Knödel 10 bis 15 Minuten in leicht wallendem Wasser köcheln. Knödel aus dem Wasser heben, mit (wenn vorhanden) Bratensaft übergießen und mit Krautsalat servieren.

Grammelknödel auf Sauerkraut

Um dem Sauerkraut einen schönen Glanz und eine sämige Konsistenz zu verleihen, kann man es mit in kaltem Wasser aufgelöster Erdäpfelstärke abziehen.

Öl in einer Pfanne erhitzen und die Grammeln leicht anrösten. Geschnittenen Zwiebel und Knoblauch sowie Majoran beifügen, kurz mitrösten. Mit Salz und Pfeffer abschmecken, Masse kurz abkühlen lassen und kleine Knödel formen. Grammelmasse für ca. 15 Minuten in den Tiefkühler geben.

Sauerkraut kurz waschen. Zwiebel, Knoblauch schälen und fein schneiden und mit den angedrückten Wacholderbeeren in Öl anrösten, Zucker beigeben und glasig anbraten. Mehl zugeben, umrühren und mit ca. 500 ml Wasser aufgießen, mit Suppenwürfel würzen. Sauerkraut auf kleiner Flamme 15 bis 20 Minuten leicht köcheln lassen.

Erdäpfel kochen, schälen und noch warm pressen. Stärke, Grieß und Salz beimengen und zu einem Teig verkneten. Erdäpfelteig portionieren, mit der Grammelmasse füllen und Knödel formen. Knödel 10 bis 15 Minuten in leicht wallendem Wasser kochen. Knödel aus dem Wasser heben, mit (wenn vorhanden) Bratensaft übergießen und auf Sauerkraut servieren.

Zutaten für 4 Personen

Für die Grammelfülle

Öl
250 g Grammeln
1 Zwiebel
2 Knoblauchzehen
1 EL Majoran
Salz
Pfeffer

Für das Sauerkraut

1 kg Sauerkraut
1 Zwiebel
1 Knoblauchzehe
2 Wacholderbeeren
2 EL Zucker
1 EL Mehl
1 Suppenwürfel

Für den Erdäpfelteig

500 g Erdäpfel
125 g Erdäpfelstärke
3 EL Grieß
Salz

Reis**fleisch**

Die Nonplusultra-Beilage zu Reisfleisch ist für mich Rote-Rüben-Salat.

Zutaten für 4 Personen

1 kg Schweinsschulter
3 Zwiebeln
5 Knoblauchzehen
Schmalz oder Öl
3 EL edelsüßes Paprikapulver
1 TL Essig
300 g Langkornreis
Salz, Pfeffer

Schweinefleisch kleinwürfelig schneiden, Zwiebeln schälen und ebenfalls grobwürfelig schneiden. Knoblauch schälen und feinblättrig schneiden.

In einem Topf Schmalz oder Öl erhitzen, die Zwiebeln dunkelbraun anrösten und etwas Wasser zugießen. Mit Hilfe eines Stabmixers die Zwiebeln fein pürieren.

Schweinefleisch, Knoblauch, Paprikapulver und Essig zugeben und durchrühren. Mit Wasser aufgießen, mit Salz und Pfeffer würzen und 20 bis 25 Minuten bei mäßiger Hitze köcheln lassen. Nun den Reis beigeben, kurz aufkochen lassen. Den Topf vom Herd nehmen und zugedeckt 10 bis 15 Minuten durchziehen lassen. Das Reisfleisch mit Hilfe einer Fleischgabel auflockern und servieren.

Blunzengröstl

Eine schöne Alternative zum Blunzengröstl ist eine gebackene Blunze, bei der man die Blutwurst in dickere Scheiben schneidet, paniert und goldgelb in Fett frittiert.

Blutwurst und Erdäpfel in Scheiben schneiden.
Schmalz oder Öl in einer beschichteten Pfanne erhitzen und zuerst die Erdäpfel goldgelb anbraten. Blunze hinzufügen, scharf anrösten. Mit Majoran, Salz und Pfeffer abschmecken und auf vorgewärmten Tellern servieren.

Zutaten für 4 Personen

500 g Blutwurst
400 g gekochte Erdäpfel
Schmalz oder Öl
1 EL getrockneter Majoran
Salz, Pfeffer

Grundmasse für **Faschiertes**

Zutaten für 4 Personen

2 Semmeln
2 Zwiebeln
3 Knoblauchzehen
Schmalz oder Öl
1 dickere Scheibe Bauchspeck
1 kg Faschiertes (Schwein und Rind)
2 EL scharfer Senf
1 EL Majoran
4 Eier
4 EL Semmelbrösel
Salz, Pfeffer

Semmeln in lauwarmem Wasser einweichen und gut ausdrücken. Zwiebeln und Knoblauch schälen und klein schneiden. Schmalz oder Öl erhitzen, Zwiebeln, Knoblauch und den würfelig geschnittenen Speck glasig anrösten. Semmeln zufügen, kurz durchrühren und im Fleischwolf fein faschieren. Die Masse mit dem Faschierten vermischen, mit Senf, Majoran, Salz und Pfeffer abschmecken. Die Eier und Brösel zugeben und gut durchmengen. Um sicherzugehen, dass die Masse optimale Festigkeit und optimalen Geschmack hat, sollte jetzt ein Probelaibchen gebraten werden.

Das Faschierte kann nun beliebig weiterverarbeitet werden, entweder zu faschierten Laibchen, Braten oder zum Füllen (gefüllte Paprika und Krautroulade).

Faschierter **Braten**

Zutaten für 4 Personen

1 kg Grundmasse
1 küchenfertiges Schweinsnetz
Öl

Hände mit lauwarmem Wasser befeuchten und aus der Masse einen oder zwei gleichmäßig große Laibe (bzw. Striezel) formen. Mit dem Schweinsnetz vorsichtig umhüllen. Eine hitzefeste Form mit Öl ausstreichen.

Das Faschierte einlegen und im auf 170 °C vorgeheizten Rohr etwa 50 Minuten braten. Zur Hälfte der Bratzeit etwas Wasser angießen und den Braten damit immer wieder übergießen. Den fertigen Braten in Scheiben aufschneiden, auf vorgewärmte Teller legen und mit dem entstandenen Saft übergießen.

Dazu passen Erdäpfelsalat oder Erdäpfelpüree mit frisch frittierten knusprigen Zwiebeln.

Faschierte **Laibchen**

Zutaten für 4 Personen

1 kg Grundmasse
Semmelbrösel
Öl zum Frittieren

Aus dem Faschierten beliebig große Laibchen formen und diese beidseitig in Semmelbröseln wenden. Die Laibchen schwimmend in heißem Fett (in der Fritteuse bei 160 °C) hellbraun backen. Aus dem Fett heben, auf Küchenpapier abtropfen und im vorgeheizten Backrohr bei 160 °C kurz nachziehen lassen. Dadurch werden die Laibchen noch flaumiger und knuspriger.

Krautroulade

Wer den intensiven Geschmack von vergorenem Kraut nicht mag, kann auch frisch blanchierte Weißkrautblätter verwenden.

Vom Sarmakraut Strunk entfernen und den Kopf in Blätter aufteilen. Das Faschierte in dickere Rollen formen und auf die Krautblätter setzen. Die Krautblätter rouladenförmig einwickeln und in eine feuerfeste Form einlegen.
Mit den Speckscheiben belegen, mit etwas Öl beträufeln und im vorgeheizten Rohr bei 170 °C ca. 30 Minuten braten.
Dazu passen Salzerdäpfel.

Zutaten für 4 Personen

1 Kopf Sarmakraut (eingelegtes Kraut)
1 kg Faschiertes (Grundmasse, siehe Seite 38)
8 Scheiben Bauchspeck
Öl

Gefüllte **Paprika** mit Paradeissauce

Man kann die Paprika auch in der Paradeissauce garen, dann erhält man ein noch intensiveres Aroma.

Zutaten für 4 Personen

125 g Butter
2 EL Mehl
4 EL Paradeismark
Zucker
8 mittelgroße grüne Paprika
1 kg Faschiertes
(Grundmasse, siehe Seite 38)
Salz

In einer Pfanne Butter aufschäumen, Mehl und Paradeismark zufügen, durchrühren, mit kaltem Wasser aufgießen. Sauce aufkochen lassen, mit Salz und Zucker abschmecken.
Von den Paprika die Kappen abschneiden und entkernen. Die Paprika mit der Fleischmasse füllen, in eine feuerfeste Form setzen und im vorgeheizten Rohr bei 170 °C ca. 30 Minuten braten. Fertige Paradeissauce über die Paprika leeren und mit Erdäpfelpüree oder Reis servieren.

Majoranfleisch

Am besten passen dazu Spiralnudeln, weil diese den Saft - und darum geht es bei diesem Gericht in erster Linie - optimal aufnehmen.

Zwiebeln und Knoblauch schälen und in Streifen schneiden. Die Schweinsschulter zuputzen und blättrig schneiden. In einem Topf Schmalz oder Öl erhitzen, Zwiebeln und Knoblauch zugeben und goldgelb anrösten. Das Fleisch zugeben und bei kräftiger Hitze durchrösten, bis das Fleisch Wasser lässt. Das Fleisch im eigenen Saft weich dünsten. Wenn nötig, noch etwas Wasser zugießen. Majoran, Senf und geschnittene Essiggurkerl zugeben. Mehl mit Sauerrahm glatt rühren und zur Sauce geben. Nochmals kurz aufkochen lassen, mit Salz und Pfeffer abschmecken.

Zutaten für 4 Personen

3 Zwiebeln
3 Knoblauchzehen
1 kg Schweinsschulter
Schmalz oder Öl
1 EL Majoran
1 EL Senf
2 Essiggurkerl
2 EL Sauerrahm
2 EL Mehl
Salz, Pfeffer

Rindsgulasch

Legendärer Spruch eines „Minoritenstüberl"-Gastes:
„Bei so an Gulasch, Bua, du dummer, wos brauch i do an kochten Hummer?"

Zutaten für 4 Personen

800 g Zwiebeln
1 kg Rindsgulaschfleisch (Wadschinken)
Schmalz oder Öl
5 Knoblauchzehen, fein gehackt
1 TL gehackter Kümmel
2 EL Majoran
5 EL edelsüßes Paprikapulver
1 TL Tafelessig
Salz, Pfeffer

Zwiebeln schälen und grobwürfelig schneiden. Gulaschfleisch in gleich große Stücke portionieren. Schmalz oder Öl in einer geräumigen Pfanne erhitzen, Zwiebeln darin dunkelbraun rösten. Pfanne vom Herd nehmen, Zwiebeln mit einem Stabmixer fein pürieren.
Fleisch, Knoblauch, Kümmel, Majoran, Paprikapulver sowie Essig zugeben, gut durchrühren und mit etwa 1 Liter Wasser aufgießen. Mit Salz und Pfeffer würzen, Gulasch bei eher geringer Hitze $2^1/_2$ bis 3 Stunden köcheln, zwischendurch eventuell auch noch etwas Wasser zugießen. Die erste Stunde zugedeckt köcheln lassen, danach bei offenem Topf garen.
Vor dem Anrichten nochmals abschmecken. Gulasch am besten mit frischem Gebäck servieren.

Erdäpfelgulasch

Je nach Geschmack kann man die Erdäpfel auch durch Fisolen (Fisolengulasch) oder Bohnen (Bohnengulasch) ersetzen.

Zutaten für 4 Personen

3 Zwiebeln
3 Knoblauchzehen
10 mittelgroße Erdäpfel
Schmalz oder Öl
3 EL Paprikapulver
1 TL Essig
300 g dürre Wurst (Braunschweiger)
1 EL getrockneter Majoran
1 Msp. Kümmel ganz
Salz, Pfeffer

Zwiebeln schälen und grobwürfelig schneiden, Knoblauch schälen und fein schneiden. Erdäpfel schälen, je nach Größe halbieren oder vierteln und in kaltem Wasser bereitstellen. Schmalz oder Öl erhitzen, Zwiebeln darin dunkelbraun anrösten. Etwas Wasser zugießen, Zwiebeln mit einem Mixstab fein pürieren. Knoblauch, Paprikapulver, Majoran, Kümmel, Essig und die geschnittene Wurst beigeben, mit Salz und Pfeffer würzen, mit etwa 1 Liter Wasser aufgießen. Einmal kurz aufkochen lassen und die Erdäpfel beigeben. Bei mäßiger Hitze 15 bis 20 Minuten leicht köcheln lassen. Mit frischem Brot servieren.

Krautfleisch

Man kann das Krautfleisch beim Servieren zusätzlich mit verrührtem Sauerrahm und scharfem Paprikapulver garnieren.

Zutaten für 4 Personen

800 g Schweinsschulter
3 Zwiebeln
2 Knoblauchzehen
Schmalz oder Öl
2 EL Paprikapulver
1 TL Essig
500 g Sauerkraut
3 EL Zucker
Salz, Pfeffer
1 TL Stärkemehl

Schweinefleisch in gleich große Stücke schneiden. Zwiebeln und Knoblauch schälen, fein schneiden. Zwiebeln in etwas Schmalz oder Öl dunkelbraun anrösten, etwas Wasser zugießen, mit dem Stabmixer pürieren. Zum Zwiebelpüree Knoblauch, Paprikapulver, Essig sowie Schweinefleisch zufügen. Mit Salz und Pfeffer würzen, gut durchrühren. Mit Wasser aufgießen und bei mäßiger Hitze 30 bis 40 Minuten leicht köcheln. Sauerkraut und Zucker beigeben, weitere 20 Minuten köcheln lassen.
Wenn nötig, das Krautfleisch mit in 1 EL kaltem Wasser aufgelöstem Stärkemehl verrühren, dadurch erhält das Krautfleisch eine sämigere Konsistenz und einen schönen Glanz. Krautfleisch mit frischem Gebäck oder Salzerdäpfeln servieren.

Wiener **Suppentopf**

Ein Fest für Genießer: eine kräftige Suppe samt g'schmackigen Einlagen. Als herzhafte Vorspeise oder auch als Hauptspeise für sich. Die Zusammenstellung der Einlagen kann man selbstverständlich nach Lust und Laune variieren.

Zutaten für 4-6 Personen

1 l Rindsuppe
1 gekochte Karotte
1 gekochte gelbe Rübe
2 EL geschnittener Schnittlauch

Markfrittaten

8 Markscheiben
2 Palatschinken
Öl, 1 Ei

Grießnockerl

96 g handwarme Butter
215 g Grieß
2 Eier, Salz

Fleischstrudel

500 g gekochtes Rindfleisch
3 Eier
1 EL Majoran
2 EL scharfer Senf
1 Pkg. Strudelblätter
Salz, Butter

Milzschnitten

160 g Milz, fein geschabt
1 Ei
1 TL fein gehackter Knoblauch
1 Prise Majoran
4 Scheiben Toastbrot
Öl, Salz, Pfeffer

Für eine Eintropfsuppe

220 g griffiges Mehl
250 ml Milch
3 Eier, Salz

Für den klassischen Wiener Suppentopf Rindsuppe erwärmen, mit geschnittenen Karotten und gelben Rüben sowie den Suppeneinlagen wie Markfrittaten, Grießnockerln und Leberreis anrichten. Mit frischem Schnittlauch bestreut servieren.

Markfrittaten Die Markscheiben auf einer Palatschinke gleichmäßig verteilen. Die zweite Palatschinke darauflegen, leicht andrücken und mit Hilfe eines Keksausstechers Markfrittaten ausstechen. Öl in einer Pfanne erhitzen, Markfrittaten durch verschlagenes Ei ziehen und beidseitig leicht anbraten. Aus der Pfanne heben und auf Küchenpapier abtropfen lassen.

Grießnockerl Alle Zutaten vermengen und mit Salz abschmecken, mit Hilfe von 2 Kaffeelöffeln Nockerl formen und in Salzwasser 5 Minuten stark kochen. Topf vom Feuer nehmen und Grießnockerl 5 Minuten ziehen lassen.

Fleischstrudel Rindfleisch faschieren, mit restlichen Zutaten vermengen und mit Salz abschmecken. Strudelteig ausrollen, Fleischmasse gleichmäßig auftragen, zusammenrollen, mit zerlassener Butter bestreichen und im vorgeheizten Backrohr bei 180 °C 20 Minuten goldgelb backen.

Milzschnitten Milz, Ei, Knoblauch und Majoran vermengen, mit Salz und Pfeffer abschmecken. Die Masse 5 mm dick auf die Brotscheiben streichen. In einer geräumigen Pfanne Öl erhitzen und die mit Milz bestrichenen Brotscheiben darin goldgelb backen. Aus der Pfanne heben, abtropfen lassen und in Stücke schneiden.

Eintropfsuppe Alle Zutaten zügig zu einem glatten Teig verrühren, Teigmasse mit Hilfe eines umgedrehten Reibeisens und einer Teigkarte in kochendes Wasser reiben, einmal kurz aufkochen lassen. Mit Hilfe eines Lochschöpfers abseihen.

Gulaschsuppe

Um den Paprikageschmack der Gulaschsuppe zu intensivieren, können Sie frische rote Paprikawürfel mitkochen.

Zutaten für 4 Personen

3 Zwiebeln
3 Knoblauchzehen
3 Erdäpfel
500 g Gulaschfleisch (Wadschinken vom Rind)
Schweineschmalz oder Öl
1 Msp. gehackter Kümmel
1 EL getrockneter Majoran
1 TL Tafelessig
3 EL edelsüßes Paprikapulver
Salz, Pfeffer

Zwiebeln schälen und grob schneiden, Knoblauch hacken. Erdäpfel schälen und in kleine Würfel schneiden. Gulaschfleisch ebenfalls in kleine Würfel schneiden und bereitstellen. In einem geräumigen Topf Schweineschmalz erhitzen und Zwiebeln darin dunkelbraun anrösten. Geröstete Zwiebeln mit einem Stabmixer pürieren. Gulaschfleisch, Knoblauch, Kümmel, Majoran, Essig und Paprikapulver zugeben, gut durchrühren. Mit Wasser aufgießen, mit Salz und Pfeffer würzen, 40 bis 50 Minuten leicht köcheln. Dann die Erdäpfelwürfel zufügen und weitere 20 Minuten bei eher geringer Hitze kochen. Gulaschsuppe nochmals abschmecken und in vorgewärmten tiefen Tellern servieren.

Fischbeuschelsuppe

Ein Klassiker der österreichischen Küche, der leider nur noch selten auf den Speisekarten zu finden ist.

Zutaten für 4 Personen

400 g gemischtes Fischbeuschel vom Karpfen (Rogner und Milchner)
2 Lorbeerblätter
3 Wacholderbeeren
250 ml Weißwein
1 Suppengrün (Karotte, gelbe Rübe, Sellerie, Petersilie, Lauch)
3 rote Paprika
2 Zwiebeln
1 Knoblauchzehe
Öl
2 EL Paprikapulver
1 TL Tafelessig
geröstete Weißbrotwürfel
Salz, Pfeffer

Das Fischbeuschel in ca. 2 Liter kaltem Wasser mit Lorbeerblättern, angedrückten Wacholderbeeren, Weißwein und Suppengrün zustellen, 20 bis 30 Minuten leicht köcheln lassen. Anschließend Fischbeuschel und Gemüse aus dem Fond heben. Milchner und Rogner klein hacken, Gemüse klein schneiden und alles beiseitestellen.
Paprika waschen, entkernen und in grobe Stücke schneiden. Zwiebeln und Knoblauch schälen, ebenfalls grob schneiden.
Öl in einem geräumigen Topf erhitzen, Paprika, Zwiebeln und Knoblauch zufügen, kurz anrösten. Paprikapulver zugeben, mit Essig ablöschen und mit dem Fond der Fischbeuschelsuppe auffüllen. 15 bis 20 Minuten leicht köcheln lassen und die Sauce anschließend mit einem Stabmixer fein pürieren.
Das gehackte Fischbeuschel und Gemüse zufügen, nochmals kurz aufkochen lassen, mit Salz und Pfeffer abschmecken und mit gerösteten Weißbrotwürfeln servieren.

Hendleinmachsuppe mit Bröselknödel

Eine ausgiebige Suppe, die an manchen Tagen durchaus auch eine Hauptmahlzeit sein kann.

Zutaten für 4 Personen

1 gelbe Rübe
1 Karotte
1 kleine Sellerieknolle
$^1/_2$ Stange Lauch
2 Knoblauchzehen
1 kleiner Bund Petersilie
1 kg Hühnerkarkassen (Hühnerflügel und Teile vom Hühnerrücken)
80 g Butter
40 g Mehl

Für die Bröselknödel

20 g Butter
1 Ei
1 EL Petersilie
Semmelbrösel
Salz

Das Gemüse putzen bzw. schälen und waschen. Hühnerkarkassen mit dem Gemüse in einen geräumigen Topf geben und mit kaltem Wasser aufgießen. Aufkochen lassen, den dabei entstehenden Schaum hin und wieder von der Oberfläche abschöpfen. Bei moderater Hitze 30 bis 40 Minuten köcheln lassen. Hühnersuppe durch ein Sieb abseihen und beiseite stellen.

In einem geräumigen Topf Butter aufschäumen lassen, das Mehl einrühren und mit der Hühnersuppe aufgießen. Das vorhandene Hühnerfleisch von den Karkassen lösen. Das Gemüse in die gewünschte Größe schneiden. Fleisch und Gemüse in die Suppe geben, nochmals kurz aufkochen lassen.

Für die Bröselknödel Butter mit Ei schaumig rühren. Salzen und fein gehackte Petersilie zufügen. So viel Semmelbrösel beifügen, dass eine dicke, kompakte Masse entsteht. Kleine Knödel formen und in gesalzenem Wasser 5 bis 6 Minuten kochen. In der Suppe servieren.

Erdäpfelcremesuppe

Die Suppe kann mit etwas Trüffelöl besonders elegant serviert werden.
Oder man macht sie mit gebratener Blunzen und etwas Majoran ganz rustikal.

Zutaten für 4 Personen

5 mehlige Erdäpfel
1 Zwiebel
2 EL Butter
1 Lorbeerblatt
500 ml Obers
Suppenpulver
Salz

Erdäpfel schälen, blättrig schneiden und in kaltem Wasser kurz auswässern. Zwiebel schälen und fein schneiden. Butter in einem Topf aufschäumen, geschnittene Zwiebel zufügen und ohne Farbe nehmen zu lassen kurz anschwitzen. Erdäpfelscheiben zufügen und durchschwenken, das Lorbeerblatt beigeben, mit Obers und Wasser aufgießen. Die Suppe 15 bis 20 Minuten leicht köcheln lassen. Das Lorbeerblatt entfernen und die Suppe im Standmixer aufmixen. Mit Suppenpulver und Salz abschmecken.

TIPP Braten Sie einige Pilze in wenig Butter an und geben Sie diese als schmackhafte Einlage in die Suppe.

Spinatcremesuppe mit Erdäpfelkrapferl

Durch etwas Kaviar oder Räucherlachs wird die Suppe noch prächtiger.
Sollte kein frischer Blattspinat vorhanden sein, kann auch tiefgekühlter verwendet werden.

Zutaten für 4 Personen

Für die Spinatcremesuppe

1 kg frischer Blattspinat
1 Zwiebel
1 Knoblauchzehe
Öl
500 ml Rindsuppe (oder Wasser mit Suppenpulver)
250 ml Obers
Salz, Pfeffer

Für die Erdäpfelkrapferl

500 g mehlige Erdäpfel
2 Eier
1 Eidotter
1 TL Stärkemehl
Öl
Salz

Spinat von ganz groben Stielen befreien und gut waschen. Geputzten Spinat in reichlich kochendem Salzwasser blanchieren, danach in Eiswasser abschrecken. Den Spinat gut ausdrücken und grob hacken.
Zwiebel und Knoblauch schälen und fein schneiden. Öl erhitzen, Zwiebel und Knoblauch darin anschwitzen. Blattspinat beigeben, mit Salz und Pfeffer würzen, kurz durchschwenken, mit Rindsuppe auffüllen, kurz aufkochen. Obers zugießen und nochmals aufkochen lassen. Suppe in einem Standmixer cremig aufmixen und abschmecken.

Die Erdäpfel weich kochen, noch heiß schälen und pressen. Gepresste Erdäpfel mit Eiern und Eidotter sowie Stärkemehl vermengen und mit Salz würzen. Mit Hilfe eines Löffels kleine Krapferl formen und in einer Pfanne in etwas Öl beidseitig goldgelb braten. Erdäpfelkrapferl in Suppenteller setzen und mit der Spinatcremesuppe servieren.

Krautsuppe mit Debreziner

Die Krautsuppe kann je nach Geschmack mit frischem Sauerrahm und frischen gehackten Kräutern variiert werden. Und wer fasten will, muss das Würstel weglassen.

Vom Kraut die äußeren Blätter sowie den Strunk entfernen. Kraut in Streifen schneiden. Zwiebeln und Knoblauch schälen, fein schneiden. Öl in einem Topf erhitzen, Zwiebeln darin goldgelb anrösten. Das geschnittene Kraut zufügen, nochmals kurz durchschwenken. Majoran, Knoblauch, Kümmel, Paprikapulver sowie Essig beigeben, durchrühren und mit Wasser aufgießen. Mit Suppenpulver abschmecken. Auf kleiner Hitze 20 bis 25 Minuten leicht köcheln.
Debreziner in Scheiben schneiden, in einer beschichteten Pfanne scharf anbraten, der Krautsuppe beifügen und diese in heißen Suppentellern servieren.

Zutaten für 4 Personen

1 Weißkrautkopf
2 Zwiebeln
2 Knoblauchzehen
Öl
1 EL getrockneter Majoran
$^1/_2$ TL Kümmelkörner
1 EL Paprikapulver
1 Schuss Essig
1 l Wasser oder Rindsuppe
Suppenpulver
2 Paar Debreziner

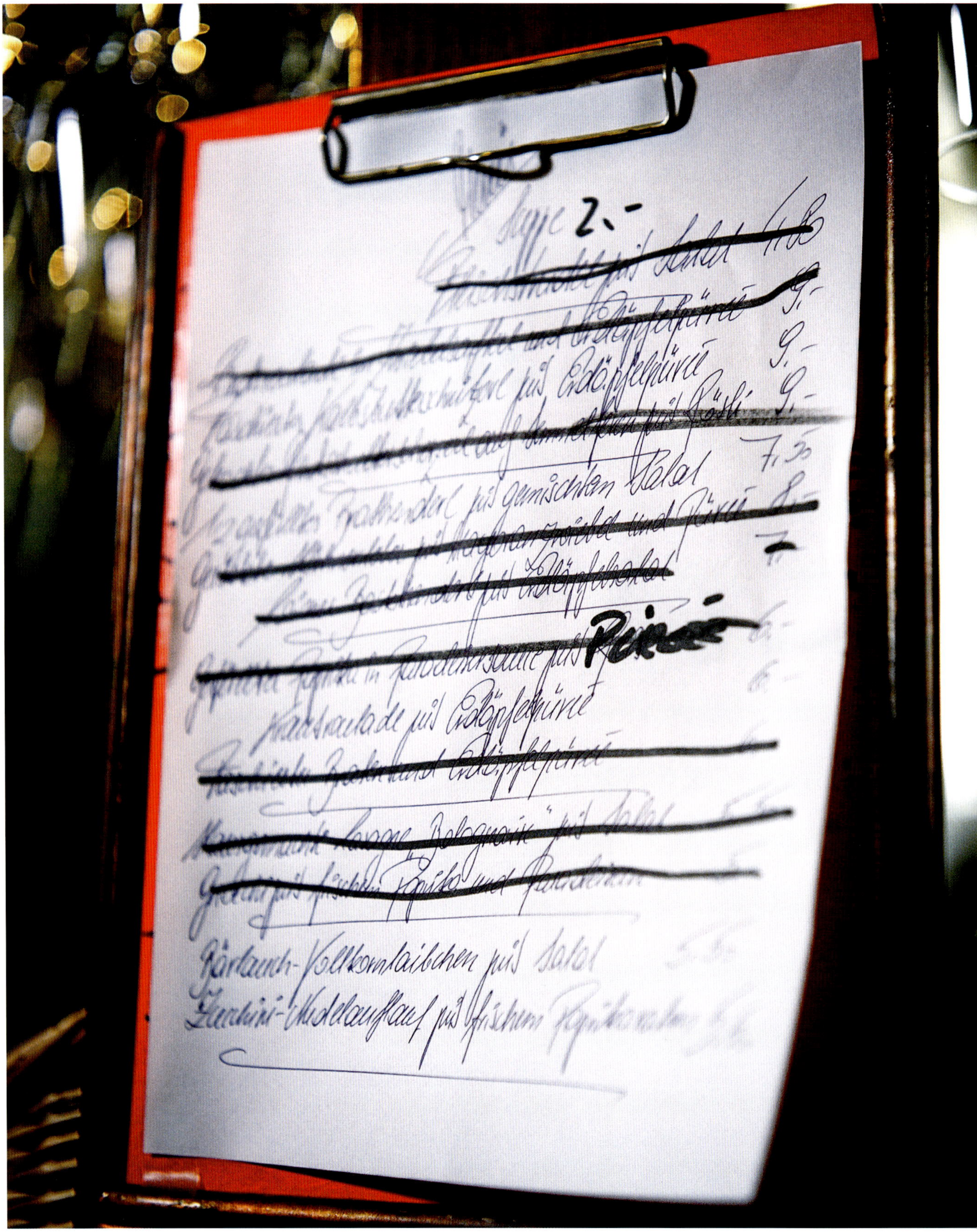
Bärlauch-Vollkornlaibchen mit Salat

Kalbsvögerl mit Champignons

Kalbsvögerl werden aus der Stelze geschnitten. Man vermutet, dass der Name durch die längliche Form der Fleischstücke entstanden ist. Kalbsvögerl sind durch ihren hohen Bindegewebsanteil ideal zum Schmoren geeignet.

Zutaten für 4-6 Personen

$1^1/_2$ kg Kalbsvögerl (ausgelöstes Stelzenfleisch)
2 Zwiebeln
1 kleine Sellerieknolle
1 Karotte
1 gelbe Rübe
Öl
1 EL Paprikapulver
1 Lorbeerblatt
Schale von $^1/_2$ Zitrone
250 ml Weißwein
200 g Champignons
2 EL Butter
2 EL gehackte Petersilie
Salz, Pfeffer

Kalbsvögerl von groben Fettstellen und Häutchen befreien. Zwiebeln und Gemüse schälen, in grobe Stücke schneiden. In einer Pfanne Öl erhitzen, die zugeputzten Kalbsvögerl mit Paprikapulver einreiben und rundum anbraten, herausnehmen und mit Salz würzen. Im Bratenrückstand das zugeputzte Gemüse, Zwiebel und Lorbeerblatt sowie Zitronenschale kurz anrösten, mit Weißwein ablöschen. Aufkochen lassen und die Kalbsvögerl einlegen. Im vorgeheizten Rohr bei 170 °C 90 Minuten im eigenen Saft weich schmoren. Wenn nötig, etwas Wasser beifügen und immer wieder mit Bratensaft übergießen.
Champignons waschen und je nach Größe halbieren oder vierteln. In einer Pfanne Butter aufschäumen und die Champignons darin scharf anbraten, mit Salz und Pfeffer würzen, mit frischer Petersilie bestreuen.
Kalbsvögerl aus dem Schmorgemüse heben, in gewünschte Stücke schneiden, mit dem Gemüse und den angebratenen Champignons servieren.

TIPP Falls Sie ganze Stücke bevorzugen: Die Zubereitung einer geschmorten Kalbsstelze erfolgt genauso wie hier für die Kalbsvögerl beschrieben, nur dass sich die Garzeit je nach Größe der Stelze um mehr als 1 Stunde verlängert.

Gefüllte **Kalbsbrust**

Ein himmlischer Klassiker der Wiener Küche, der leider kaum noch in Restaurants angeboten wird. Mit diesem Rezept ist für den persönlichen Genuss daheim optimal vorgesorgt.

Zutaten für 4 Personen

Für die Fülle

500 g Toastbrot
5 Eier
3 EL Obers
1 EL Butter
2 EL geschnittener Liebstöckel
Salz

Für die Kalbsbrust

1 kleine Kalbsbrust
anfallende gehackte Kalbsknochen
1 EL edelsüßes Paprikapulver
Öl
2 Zwiebeln
2 Karotten
2 gelbe Rüben
1 Sellerieknolle
2 Lorbeerblätter
1 Rosmarinzweig
1 Thymianzweig
Salz

Für die Fülle das Toastbrot würfelig schneiden, 3 Eier und das Obers zufügen. Butter in einer Pfanne leicht bräunen, 2 Eier zugeben, kurz anstocken lassen und mit einem Kochlöffel verrühren. Die Eierspeis sollte noch cremig sein. Eierspeis und geschnittenen Liebstöckel unter die Brotmasse unterheben und mit Salz abschmecken. Je behutsamer die Zubereitung der Füllung erfolgt, umso schöner ist die Marmorierung der Füllmasse beim Aufschneiden der fertigen Kalbsbrust.

Die Kalbsbrust am besten vom Fleischhauer auslösen und untergreifen (eine Tasche zum Füllen einschneiden) lassen.
Kalbsbrust innen und außen mit Salz würzen, mit Paprikapulver einreiben. (Das Paprikapulver harmoniert sehr gut mit dem Kalbfleisch und gibt der Kalbsbrust nach dem Braten eine noch schönere Farbe.)
Die Kalbsbrust mit der Brotmasse füllen und das offene Ende der Brust mit Küchengarn zunähen.
Öl in einer geräumigen Pfanne erhitzen, die Kalbsbrust vorsichtig rundum anbraten und aus der Pfanne heben. Gehackte Kalbsknochen zufügen und kurz durchrösten. Die Kalbsbrust mit der Brustseite nach unten auf die Knochen setzen und etwas Wasser zugießen. Im vorgeheizten Rohr bei 170 °C ca. 2 Stunden braten. Während des Bratens die Kalbsbrust immer wieder mit dem entstandenen Saft übergießen.
Nach 2 Stunden die Kalbsbrust wenden, das geschnittene Wurzelgemüse, Kräuter und Gewürze beifügen und in etwa 1 Stunde fertig braten. Sollte die Oberseite der Brust während des Bratens zu krustig und dunkel werden, mit Alufolie abdecken.
Um sicherzugehen, dass die Kalbsbrust fertig gegart ist, stechen Sie mit einer dünnen Bratnadel in die Brustmitte. Wenn keine Fülle auf der Nadel haften bleibt, ist die Kalbsbrust fertig. Kalbsbrust aus der Pfanne heben, abgedeckt kurz rasten lassen.
Die Knochen aus dem Schmorgemüsefond nehmen. Wenn nötig, den Saft nochmals abschmecken. Die Kalbsbrust in fingerdicke Scheiben schneiden und mit Schmorgemüse anrichten.

Kalbsnierenbraten

Natürlich ist es bequemer, sich den Kalbsnierenbraten vom Fleischhauer fertig vorbereiten zu lassen. Wer allerdings selbst Hand anlegt, wird mit einem einzigartigen Geschmack belohnt.

Zutaten für 4-6 Personen

$1^1/_2$ kg Kalbsrücken
anfallende gehackte Kalbsknochen
1 Kalbsniere (mit Fettmantel)
2 Zwiebeln
2 Karotten
2 gelbe Rüben
1 kleine Sellerieknolle
2 Lorbeerblätter
1 Thymianzweig
1 Rosmarinzweig
Salz, Pfeffer

Für die Fülle (Duxelles)

1 kleine Zwiebel
2 EL gehackte Petersilie
250 g Champignons
Öl
Salz, Pfeffer

Den Kalbsrücken von den Knochen ablösen und die Knochen hacken. Das erledigt am besten der Fleischhauer. Zwiebeln und Gemüse schälen und in grobe Stücke schneiden.
Für die Fülle Zwiebeln schälen und klein schneiden. Champignons waschen und klein hacken. Öl in einer Pfanne erhitzen und die Zwiebeln darin anrösten. Champignons hinzufügen, durchschwenken und so lange dünsten lassen, bis keine Flüssigkeit mehr in der Pfanne ist. Masse abkühlen lassen, dann frisch gehackte Petersilie zufügen, mit Salz und Pfeffer würzen.

Kalbsniere rundum scharf anbraten und auskühlen lassen.
Erst dann vierteln und den innen befindlichen weißen Strang herausschneiden.
Kalbfleisch zweimal der Länge nach aufschneiden, aufklappen und leicht klopfen. Kalbfleisch salzen und pfeffern, mit der Duxelles bestreichen und die geviertelte Kalbsniere aufsetzen. Das Fleisch zusammenrollen und mit Küchengarn binden.
In einer geräumigen Bratpfanne Öl erhitzen und den Kalbsbraten rundum anbraten, aus dem Geschirr heben, mit Salz und Pfeffer würzen. Gehackte Kalbsknochen im Bratfett anrösten. Kalbsbraten auf die Knochen setzen und im auf 180 °C vorgeheizten Rohr 1 Stunde braten. Dabei mehrmals mit dem eigenen Saft übergießen. Das vorbereitete Wurzelgemüse, Kräuter und Gewürze beifügen und, wenn nötig, etwas Wasser zugießen. Braten für eine weitere Stunde im Rohr schmoren, dabei immer wieder mit Saft übergießen.
Um sicherzugehen, dass der Kalbsbraten fertig ist, mit einer dünnen Bratnadel in die Mitte des Fleisches stechen. Der austretende Saft sollte im Optimalfall eine leicht rosa Farbe aufweisen. Braten aus dem Rohr nehmen und ca. 15 Minuten warm abgedeckt rasten lassen. (Die Rastzeit ist wichtig, da das Fleisch früher als die Niere fertig ist, diese aber beim Rasten garzieht.)
Die Kalbsknochen aus dem Schmorgemüse heben, wenn nötig, nochmals abschmecken. Nierenbraten vom Küchengarn befreien, in fingerdicke Scheiben schneiden, auf dem Schmorgemüse servieren.

Wiener **Schnitzel**

Für mich ist zum Schnitzel nur eine Beilage denkbar und das ist ein süßlich abgeschmeckter Erdäpfelsalat.

Zutaten für 4 Personen

4 Kalbsschnitzel (à 200 g) aus der Schale des Kalbsschlegels
Mehl, Ei, Semmelbrösel zum Panieren
Schweineschmalz oder Öl
Salz

Schnitzel dünn klopfen und mit Salz würzen. In Mehl wenden, gut abschütteln, durch verquirltes Ei ziehen und anschließend in Semmelbröseln wenden. In reichlich heißem Schweineschmalz oder Öl goldgelb backen. Die Schnitzel müssen im Fett schwimmen. Pfanne immer ein wenig rütteln, damit Fett und Schnitzel in Bewegung bleiben. So hebt sich die Panier am besten ab und durch dieses Soufflieren erhält das Schnitzel die gewünschte wellige Form.
Wichtig: Beim Wenden nicht in das Fleisch stechen!
Schnitzel nach dem Backen gründlich mit Küchenpapier abtupfen und auf vorgewärmten Tellern servieren.

Kalbsrahmgulasch mit Zitronennockerln

Ein durch das Zitronenaroma besonders elegantes Gulaschgericht, das auch im feineren Rahmen eine Berechtigung hat.

Zutaten für 4-6 Personen

Für das Kalbsrahmgulasch

$1^1/_2$ kg Kalbfleisch (Schulter oder Stelze)
3 Zwiebeln
2 Knoblauchzehen
3 rote Paprika
Öl
2 EL Paprikapulver
1 TL Essig
Schale von $^1/_2$ Zitrone
250 ml Schlagobers
Salz, Pfeffer

Für die Zitronennockerl

300 g glattes Mehl
3 Eier
gut 250 ml Milch
Schale und Saft von 1 Zitrone
1 EL Butter
Salz

Kalbfleisch in gleichmäßige Würfel schneiden. Zwiebeln und Knoblauch schälen, mit den entkernten Paprikaschoten grob schneiden. Zwiebel in Öl goldbraun anrösten, Paprika hinzufügen und nochmals kurz durchschwenken, vom Herd nehmen. Paprikapulver einrühren und mit Essig ablöschen. Knoblauch, Zitronenschale und Kalbfleisch beigeben, durchrühren und mit Wasser aufgießen. Mit Salz und Pfeffer würzen, bei mäßiger Hitze 30 bis 40 Minuten leicht köcheln lassen. Kalbfleisch vorsichtig aus dem Paprikasud heben und in einen Topf geben. Schlagobers dem Paprikasud beigeben und in einem Standmixer sämig mixen. Sauce abschmecken, über das Kalbfleisch gießen, nochmals kurz aufkochen und servieren.

Für die Zitronennockerl alle Zutaten zügig zu einem Teig verarbeiten, Wasser zum Kochen bringen und die Nockerlmasse mit Hilfe einer Teigspachtel durch ein grobes Reibeisen (welches verkehrt herum verwendet wird) drücken und einkochen. Einige Male umrühren und ca. 2 Minuten köcheln lassen.
Danach in ein Sieb leeren, kalt abschrecken und vor dem Servieren in aufschäumender Butter schwenken.

Faschierte **Kalbs**butterschnitzel

Im Unterschied zum faschierten Laibchen wird der Kalbsbutterschnitzelmasse kein Brot zugegeben. Die Bindung erfolgt mit Eiern und Weißbrotbröseln.

Zutaten für 4 Personen

1 kleiner Bund Petersilie
2 EL Butter
1 kg faschiertes Kalbfleisch
125 ml Obers
4 Eier
Weißbrotbrösel
Öl und Butter zum Braten
Salz

Petersilie zupfen und hacken. 2 EL Butter in einer heißen Pfanne aufschäumen lassen, bis sie braun wird. Faschiertes Kalbfleisch mit Obers, Eiern, gehackter Petersilie und brauner Butter vermischen, mit den Weißbrotbröseln binden und mit Salz abschmecken.
Aus der Fleischmasse Laibchen formen, in einer Pfanne Öl und Butter erhitzen. Die Butterschnitzel einlegen und beidseitig goldgelb backen. Während des Bratens immer wieder mit dem Bratfett übergießen.

TIPP Stellen Sie die Pfanne mit den gebratenen Kalbsbutterschnitzeln vor dem Servieren für ca. 5 Minuten in das auf 170 °C vorgeheizte Backrohr. Die Kalbsbutterschnitzel werden dann noch flaumiger und saftiger.

Zwiebel**rostbraten**

Im Gegensatz zur kurz gebratenen Variante, bei der das Fleisch rosa gebraten serviert wird (siehe Vanillerostbraten), kommt mein Zwiebelrostbraten weich geschmort auf den Tisch. Am allerwichtigsten ist, dass der Zwiebelrostbraten mit reichlich knusprigen Zwiebeln zugedeckt serviert wird.

Zutaten für 4 Personen

2 Zwiebeln
2 Knoblauchzehen
4 Scheiben Rostbraten (à 250 g)
Mehl zum Stauben
Öl
1 EL Zucker
2 EL Ketchup
$^1/_2$ l Rotwein
Salz, Pfeffer

Für die Röstzwiebeln

4 Zwiebeln
3 EL Mehl
Öl

Für die Braterdäpfel

4 mittelgroße Erdäpfel, gekocht und geschält
Öl
Salz

4 Essiggurken

Zwiebeln und Knoblauch schälen, in grobe Stücke schneiden.
Die Rostbratenscheiben leicht klopfen, dabei die Ränder einschneiden und beidseitig mehlieren.
In einer Pfanne Öl erhitzen, die Rostbratenstücke beidseitig scharf anbraten, salzen und pfeffern. Fleisch dicht aneinander in eine feuerfeste Form setzen. Im Bratenrückstand Zwiebel und Knoblauch anbraten, Zucker und Ketchup beigeben, kurz durchrühren und mit Rotwein aufgießen. Aufkochen lassen, mit Salz abschmecken und den Saft über die Rostbratenscheiben gießen. Im vorgeheizten Rohr bei 170 °C zugedeckt in etwa 2 Stunden weich schmoren.

Für die Röstzwiebeln Zwiebeln schälen und in nicht zu dünne Scheiben schneiden, mit Mehl stauben und in heißem Fett schwimmend goldbraun frittieren. Die Röstzwiebeln mit Hilfe eines Lochschöpfers aus dem Fett heben und auf Küchenpapier abtropfen lassen.

Für die Braterdäpfel Erdäpfel vierteln und in heißem Fett goldgelb frittieren. Auf Küchenpapier abtropfen lassen und bereitstellen.
Fertigen Rostbraten aus der Sauce nehmen, auf vorgewärmten Tellern anrichten. Mit Sauce übergießen und mit reichlich Röstzwiebeln bestreuen, mit Braterdäpfeln und jeweils einer in Fächerform geschnittenen Essiggurke servieren.

Vanillerostbraten

Der Name Vanillerostbraten entstand in einer Zeit, als exotische Gewürze noch sehr teuer und somit nicht für jeden leistbar waren. Knoblauch hingegen galt als Attribut der armen Leute, daher nannte man ihn wegen seines kräftigen Geruchs „Vanille des kleinen Mannes".

Zutaten für 4 Personen

4 Scheiben Rostbraten (à 220 g)
1 EL Senf
Mehl zum Stauben
Öl
6 gehackte Knoblauchzehen
1 EL Butter
250 ml Suppe (oder Wasser)
Salz, Pfeffer

Fleisch an den Rändern mit einem scharfen Messer einschneiden (so behält das Fleisch während des Bratens seine Form und rollt sich nicht ein). Fleisch mit Senf und Pfeffer würzen, Mehl darüber stauben. In einer Pfanne Öl erhitzen, Fleisch darin beidseitig scharf anbraten. Erst jetzt, wenn die Fleischporen bereits geschlossen sind, mit Salz würzen.
Den gehackten Knoblauch zugeben und unter mehrmaligem Wenden das Fleisch je nach Wunsch rosa oder auch fast durchbraten. Fleisch aus der Pfanne heben, Bratenrückstand samt dem Knoblauch mit Rindsuppe aufgießen und kurz einkochen lassen. Saft mit kalter Butter montieren, Fleisch nochmals einlegen, kurz durchziehen lassen und auf heißen Tellern servieren.

TIPP Eine vorzügliche Variante des Rostbratens ist der Girardirostbraten, der seinen Namen dem berühmten Volksschauspieler Alexander Girardi verdankt. Die Zubereitung ist jener des Vanillerostbratens ähnlich, nur wird der Girardirostbraten in einer Rahmsauce mit Champignons, Kapern, Zitronenzesten, Knoblauch und Weißwein serviert.

Gekochtes **Rind**fleisch

Tafelspitz, Schulterscherzel, Meisel, Hüferl, weißes Scherzel, Beinfleisch oder Fledermaus: Am wichtigsten ist, dass das Fleisch ins kochende Wasser eingelegt wird. Nur so wird es saftig und geschmackvoll.

Wasser aufkochen und Tafelspitz einlegen. Den dabei entstehenden Schaum abschöpfen und das Fleisch bei mäßiger Hitze 1 Stunde köcheln lassen. Erst danach Suppengrün, Liebstöckel und etwas Suppenpulver beigeben. Den Tafelspitz in 1 bis $1^1/_2$ Stunden fertig weich kochen. Fleisch aus der Suppe heben, in Klarsichtfolie wickeln und für ca. 20 Minuten rasten lassen. Danach aus der Folie nehmen, gegen die Faser in fingerdicke Scheiben schneiden und mit geschnittenem Suppengrün am besten in der Suppe servieren. Dazu die klassischen Wiener Beilagen wie Apfelkren, Schnittlauchsauce und Rösterdäpfel reichen.

Schnittlauchsauce Semmel in Milch einweichen, danach gut ausdrücken. Hart gekochte Eier schälen und mit der ausgedrückten Semmelmasse fein pürieren. Eidotter, Senf, Zucker, Zitronensaft und Salz zufügen, mit Hilfe eines Schneebesens kurz durchrühren und vorsichtig, wie bei einer Mayonnaise, unter ständigem Rühren das Öl einfließen lassen. Mit frisch geschnittenem Schnittlauch vollenden und servieren.

Apfelkren Äpfel schälen, mit Zitronensaft beträufeln und am Reibeisen fein raspeln. In einen Topf geben, mit dem restlichen Zitronensaft und Zucker einmal aufkochen (damit wird verhindert, dass die Äpfel eine unschöne braune Farbe bekommen). Apfelpüree kalt stellen, mit Salz und Kren abschmecken und servieren. Wenn es schnell gehen soll, kann man auch fertiges Apfelmus aromatisieren!

Rösterdäpfel Erdäpfel waschen, in einen Topf geben, mit Wasser bedecken und kernig kochen. Abkühlen lassen, schälen und mit einem groben Reibeisen reiben. Zwiebel schälen, fein schneiden. In einer beschichteten Pfanne etwas Schmalz erhitzen, Zwiebel darin glasig rösten. Erdäpfel beigeben, mit Kümmel, Majoran und Salz würzen. Unter öfterem Rühren knusprig goldgelb rösten.
Noch herzhafter werden Rösterdäpfel, wenn man eine Hand voll frische Grammeln zugibt. Mit einem Spiegelei und grünem Salat ist das auch ein Essen für sich!

▸

Zutaten für 4-6 Personen

1 Tafelspitz (ca. 2 kg)
1 Suppengrün
1 kleiner Bund Liebstöckel
Suppenpulver

Schnittlauchsauce

1 entrindete Semmel oder Toastbrot
Milch zum Einweichen
2 hart gekochte Eier
2 Eidotter
1 EL Senf
1 TL Zucker
1 EL Zitronensaft
ca. 125 ml Speiseöl
4 EL frisch geschnittener Schnittlauch
Salz

Apfelkren

3 säuerliche Äpfel
Saft von 1 Zitrone
1 EL Zucker
3 EL frisch geriebener Kren
Salz

Rösterdäpfel

1 kg Erdäpfel
1 Zwiebel
Schweineschmalz
1 Msp. Kümmel
1 TL getrockneter Majoran
Salz

Cremespinat Knoblauch schälen und klein schneiden. In einem Topf Butter aufschäumen lassen und den Knoblauch darin anschwitzen, ohne dass er Farbe annimmt. Mehl beigeben, durchrösten und mit der Milch aufgießen. Die Einbrenn mit einem Schneebesen durchrühren und kurz köcheln lassen. Den Spinat zugeben, nochmals kurz aufkochen lassen und mit Suppenpulver abschmecken.
Ich verfeinere meinen Cremespinat noch gerne mit etwas in einer heißen Pfanne aufgeschäumten braunen Butter.

Rahmkohl Kohl halbieren, Strunk entfernen, in einzelne Blätter zerteilen. Grob durchschneiden und waschen. Kohlblätter ca. 3 Minuten in Salzwasser blanchieren, in Eiswasser abkühlen.
Zwiebel, Knoblauch und Speck klein schneiden. In einer Pfanne etwas Butter aufschäumen, Zwiebel und Speck farblos anschwitzen, Knoblauch und Majoran beigeben, kurz aufschäumen lassen. 1 EL Mehl beigeben, kurz durchrösten und mit Obers aufgießen. Kohl gut ausdrücken, in kleine Stücke schneiden und der Sauce beigeben, mit Salz und Suppenpulver abschmecken, nochmals kurz aufkochen lassen und servieren.
Als Alternative können Sie auch eine nussbraune Einbrenn herstellen, diese mit Knoblauch, Majoran und Kümmel würzen, mit Suppe aufgießen und darin den Kohl weich dünsten.

Semmelkren Die Semmel in kleine Würfel schneiden und in heißer Suppe sämig verkochen. Obers zugießen, mit Essig, Zucker und frisch geriebenem Kren abschmecken.

Dillfisolen Fisolen putzen, holzige Enden entfernen, in Stücke schneiden und in Salzwasser bissfest kochen, danach in kaltem Wasser abschrecken. Zwiebel schälen und klein schneiden. Butter in einem Topf aufschäumen lassen, Zwiebel darin glasig anrösten, mit Mehl stauben und mit Rindsuppe aufgießen. Kurz aufkochen lassen, Fisolen und Obers zufügen, mit einem Spritzer Essig, Zucker sowie Salz und Suppenpulver abschmecken, mit frisch gehackter Dille servieren.

Cremespinat
1 kleine Knoblauchzehe
3 EL Butter
1 EL glattes Mehl
250 ml Milch
500 g passierter Spinat
Suppenpulver

Rahmkohl
800 g Kohl
1 Zwiebel
1 Knoblauchzehe
100 g Frühstücksspeck
2 EL Butter
1 TL getrockneter Majoran
250 ml Obers
Suppenpulver
Salz

Semmelkren
4 Semmeln
500 ml Rindssuppe
125 ml Obers
1 Spritzer Essig
1 TL Zucker
4 EL frisch geriebenen Kren

Dillfisolen
500 g grüne Fisolen
1 kleine Zwiebel
3 EL Butter
1 EL Mehl
Rindsuppe oder Wasser
250 ml Obers
1 Spritzer Essig
1 TL Zucker
Suppenpulver
1 kleiner Bund Dille
Salz

Rindsschnitzel

Ein herrlich einfaches Gericht, das den Vorteil hat, aufgewärmt noch besser zu schmecken.

Zutaten für 4 Personen

4 Rindsschnitzel (à 200 g)
Mehl zum Stauben
Öl
2 Zwiebeln, klein geschnitten
2 Knoblauchzehen, klein geschnitten
2 EL Ketchup
1 EL Zucker
500 ml Rotwein
Salz, Pfeffer

Die Rindsschnitzel mit Mehl stauben. In einer geräumigen Pfanne Öl erhitzen, die Schnitzel beidseitig scharf anbraten, aus der Pfanne heben, mit Salz und Pfeffer würzen.
Im Bratenrückstand Zwiebel und Knoblauch hellbraun anrösten, Ketchup und Zucker zufügen, nochmals kurz durchschwenken und mit Rotwein ablöschen. Kurz aufkochen lassen und mit etwas Salz abschmecken.
Die angebratenen Rindsschnitzel einlegen und zugedeckt im Rohr bei 170 °C weich dünsten (dauert je nach Fleischqualität 1 bis $1^{1}/_{2}$ Stunden).
Rindsschnitzel auf vorgewärmten Tellern am besten mit Spiralnudeln anrichten und mit grünem Salat servieren.

Geschmortes **Rindsschulter**scherzel

Ich wickle das fertig geschmorte Rindsschulterscherzel vor dem Servieren 20 Minuten in Klarsichtfolie ein. Dadurch entspannt sich die Fleischfaser, das Fleisch wird weicher und der Geschmack optimiert.

Zwiebeln und Knoblauch schälen, halbieren und in kleine Würfel schneiden. In einer geräumigen Pfanne Öl erhitzen und das Fleisch rundum scharf anbraten. Fleisch aus der Pfanne heben, mit Salz und Pfeffer würzen. Im Bratenrückstand Zwiebel und Knoblauch goldgelb anbraten. Zucker, Ketchup und angedrückte Wacholderbeeren zufügen, kurz durchschwenken und mit Rotwein aufgießen. Aufkochen lassen und den heißen Saft über das Schulterscherzel gießen. Rindsschulterscherzel zugedeckt im auf 170 °C vorgeheizten Rohr 3 Stunden schmoren.

Fertig geschmortes Rindsschulterscherzel aus der Sauce heben, wenn nötig, die Rotweinsauce mit etwas in kaltem Wasser angerührter Erdäpfelstärke verrühren (dadurch erhält die Sauce einen schönen Glanz und eine sämigere Konsistenz). Rindsschulterscherzel in fingerdicke Scheiben schneiden, auf heißen Tellern anrichten und mit reichlich Sauce übergießen.

Zutaten für 4-6 Personen

4 Zwiebeln
2 Knoblauchzehen
Öl
2 kg Rindsschulterscherzel
2 EL Zucker
3 EL Ketchup
3 Wacholderbeeren
1 l Rotwein
1 TL Erdäpfelstärke
Salz, Peffer

Rindsroulade

Das lieben alle: weich geschmortes Fleisch mit einem würzigen Saft.
Je nach persönlichem Geschmack passen dazu Erdäpfelpüree oder auch Hörnchen-Nudeln.

Zutaten für 4 Personen

4 kleine Essiggurkerl
1 kleines Stück Dürre-Wurst (Braunschweiger)
4 Rindsschnitzel (à 200 g)
4 TL Senf
8 Scheiben Bauchspeck
2 Zwiebeln
Öl
1 EL Zucker
2 EL Ketchup
4 angedrückte Wacholderbeeeren
2 angedrückte Knoblauchzehen
$^1/_2$ l Rotwein
1 TL Erdäpfelstärke
Salz, Pfeffer

Für das Erdäpfelpüree

800 g mehlige Erdäpfel
250 ml Milch
125 g Butter
Salz

Gurkerl und Wurst in längliche Stifte schneiden. Rindsschnitzel mit Salz und Pfeffer würzen und mit Senf bestreichen. Speckscheiben, Gurkerl und Wurst drauflegen. Rouladen zusammenrollen und dicht aneinander in eine hitzefeste Pfanne legen.
Zwiebeln schälen und in kleine Stücke schneiden. Öl erhitzen, Zwiebeln darin goldgelb anschwitzen, Zucker beigeben und nochmals kurz durchrösten. Ketchup, Wacholderbeeren und Knoblauch beigeben, mit Rotwein ablöschen. Kurz aufkochen, mit Salz und Pfeffer würzen. Die heiße Sauce über die Rouladen gießen und zugedeckt im Rohr bei 170 °C 2 Stunden schmoren. Fertige Rindsrouladen aus der Pfanne heben, wenn nötig, den Saft mit etwas in kaltem Wasser aufgelöster Erdäpfelstärke verrühren, und servieren.

Für das Püree Erdäpfel waschen, schälen und vierteln. Erdäpfel in Salzwasser weich kochen. In der Zwischenzeit Milch und Butter in einem Topf erwärmen. Die gegarten Erdäpfel abseihen. In einer Presse noch heiß durchdrücken. Milch-Butter-Mischung zugießen, vorerst nur vorsichtig mit Salz würzen. Mit einem Schneebesen glatt rühren, dann endgültig abschmecken. Die exakte Flüssigkeitsmenge hängt von der gewünschten Konsistenz wie auch vom Stärkegehalt der Kartoffeln ab.

TIPP Die Zusammenstellung der Rouladenfülle kann man natürlich nach Lust und Laune variieren. Zum Beispiel mit mehr Speck, Karotten und Erbsen. Oder auch im mediterranen Stil mit Artischocken, getrockneten Tomaten und edlem Rohschinken.

Beef Tatar

Rohes Fleisch in seiner geschmackvollsten Form. Die Bezeichnung Tatar leitet sich vom mongolischen Reitervolk der Tataren ab, die einst Europa heimsuchten. Seither wird alles Gehackte und Zersäbelte mit den gefürchteten Kriegern assoziiert.

Zutaten für 4 Personen

500 g Rindsfilet
1 kleine Zwiebel
2 Essiggurkerl
2 EL Kapern
2 Eidotter
1 Schuss Cognac
1 EL Ketchup
1 TL edelsüßes Paprikapulver
1 Msp. scharfes Paprikapulver
1 EL gehackte Petersilie
1 EL scharfer Senf
2 EL handwarme Butter
Salz, Pfeffer

Rindsfilet ordentlich zuputzen und mit einem scharfen Messer fein hacken. Wer sich diese Arbeit nicht antun will, kann das Fleisch auch mit dem feinen Scheibenaufsatz einer Küchenmaschine faschieren, allerdings geht dabei die feine Fleischstruktur verloren.

Zwiebel schälen und gemeinsam mit Essiggurkerl und Kapern fein hacken. Das Fleisch in eine Schüssel geben und mit einer Gabel alle anderen Zutaten sorgfältig einarbeiten. Je nach persönlichem Geschmack milder oder schärfer abschmecken.

Alt-Wiener **Backfleisch**

Das Backfleisch sollte nach dem Backen beim Aufschneiden noch einen zartrosa Kern aufweisen: So ist es saftig und geschmackvoll zugleich.

Beiried in kleine Stücke schneiden und mit einem speziellen Plattiereisen oder dem Boden einer schweren Pfanne leicht klopfen (vorher Klarsichtfolie darüberlegen). Das Rindfleisch sollte nicht zu dünn plattiert sein, sonst wird es beim Ausbacken trocken.
Fleisch mit Zitronensaft beträufeln, mit gehackter Petersilie bestreuen und mit Salz und Pfeffer würzen. Mit Mehl, Eiern und Bröseln panieren und schwimmend in reichlich heißem Fett goldgelb backen. Aus dem Fett heben und auf Küchenpapier abtropfen lassen. Auf Tellern anrichten. Dazu passen am besten Erdäpfelsalat und Schnittlauchsauce.

Zutaten für 4 Personen

500 g Beiried
Saft von 1 Zitrone
2 EL gehackte Petersilie
Mehl, Eier und Brösel zum Panieren
Fett zum Backen
Salz, Pfeffer

Schweinsnaturschnitzel mit Risipisi

Ein herrlich einfaches Gericht, das unverständlicherweise fast gänzlich von den Speisekarten verschwunden ist.

Zutaten für 4 Personen

4 Schweinsschnitzel (à 200 g)
Mehl zum Stauben
Butter zum Braten
2 EL kalte Butter
Salz, Pfeffer

Für das Risipisi

1 EL Butter
1 Teil Reis
$1^{1}/_{2}$ Teile Wasser
1 kleine Zwiebel
1 Hand voll Erbsen

Die Schnitzel klopfen, am Rand leicht einschneiden und mehlieren. In einer Pfanne Butter aufschäumen und die Schnitzel beidseitig scharf anbraten. Schnitzel mit Salz und Pfeffer würzen und aus der Pfanne heben.
Bratenrückstand mit etwas Wasser aufgießen, die Schnitzel wieder einlegen und weich dünsten. Schnitzel auf vorgewärmten Tellern anrichten. Den Bratensaft mit kalter Butter montieren, abschmecken und über die Schnitzel gießen.

Für das Risipisi Butter aufschäumen, den Reis zufügen und mit Wasser auffüllen. So lange sprudelnd kochen, bis die Hälfte der Flüssigkeit eingekocht ist. Zwiebel schälen, oben aufsetzen und zugedeckt bei schwacher Hitze gar dünsten. Vor dem Servieren die Zwiebel entfernen und die Erbsen unterheben.

TIPP Eine weitere von mir favorisierte Schnitzelart ist das leider ebenfalls vom Aussterben bedrohte Pariser Schnitzel. Dafür wird das Schnitzel mehliert, durch versprudeltes Ei gezogen und schwimmend im heißen Fett goldgelb frittiert.

Gefülltes **Schweinskotelett** im Zwiebelsaftel

Durch die mitgeschmorten Erdäpfelscheiben erhält der Saft eine wunderbare Konsistenz und eine einzigartige Sämigkeit. Dadurch kann dieses herrliche Schmorgericht gleich in der Pfanne serviert werden. Als Beilage bevorzuge ich herzhaft abgeschmeckten Rahmgurken- oder süß-sauer abgeschmeckten Paradeissalat.

Zutaten für 4 Personen

1 Zwiebel
1 roter Paprika
4 Schweinskoteletts (à 200 g)
4 Scheiben Bauchspeck
4 Scheiben Käse
Mehl zum Stauben
Öl
2 große Erdäpfel
Salz, Pfeffer

Für die Sauce

2 Zwiebeln, fein geschnitten
2 Knoblauchzehen, fein geschnitten
1 EL Zucker
2 EL Ketchup
1 Rosmarinzweig
1 Thymianzweig
Salz

Zwiebel schälen und klein schneiden. Paprika entkernen und ebenfalls klein schneiden. In die Schweinskoteletts mit Hilfe eines Messers kleine Taschen einschneiden und diese mit Speck, Käse, Paprika und Zwiebel füllen, mit Salz und Pfeffer würzen. Die Öffnung mit einem Zahnstocher verschließen.

Gefüllte Koteletts mehlieren. Öl in einer Pfanne erhitzen, die Koteletts darin beidseitig scharf anbraten. In eine hitzefeste Form eng aneinanderschlichten, dabei darauf achten, dass die Öffnung der Koteletts nach oben zeigt.

Erdäpfel waschen, schälen und in fingerdicke Scheiben schneiden. Erdäpfelscheiben zwischen die gefüllten Koteletts schlichten.

Dem Bratenrückstand in der Bratpfanne Zwiebeln und Knoblauch beigeben, gut darin anrösten. Zucker und Ketchup zufügen, mit etwas Wasser aufgießen. Aufkochen lassen, Rosmarin und Thymian zufügen, mit Salz abschmecken und über die Koteletts gießen. Im vorgeheizten Backrohr bei 170 °C 2 Stunden weich schmoren.

Schweinsbraten mit Erdäpfelknödeln

Nur Schopfbraten ergibt einen schön saftigen Schweinsbraten.
Eine wunderbare Alternative zu den Erdäpfelknödeln sind Majoranschupfnudeln.
Dafür aus dem Erdäpfelteig Schupfnudeln formen und in aufschäumender Butter mit frisch gehacktem Majoran durchschwenken.

Zutaten für 4 Personen

2 EL Schweineschmalz
1 Schopfbraten (ca. $2^1/_2$ kg)
4 Knoblauchzehen, gehackt
1 EL gehackter Kümmel
Salz

Für die Knödel

1 kg mehlige Erdäpfel (ergibt 8 Knödel)
250 g Erdäpfelstärke
24 g Grieß
Salz

In einer geräumigen Bratpfanne das Schweineschmalz erhitzen. Den Schopfbraten einlegen und rundum kurz anbraten. Erst jetzt mit Salz würzen. Schopfbraten ohne Zugabe von Flüssigkeit im auf 180 °C vorgeheizten Rohr 30 Minuten braten. Schopfbraten wenden und den Bratenrückstand mit etwa 500 ml Wasser ablöschen. Während der nächsten $1^1/_2$ Stunden den Schopfbraten immer wieder mit dem eigenen Saft übergießen, danach den Schweinsbraten mit gehacktem Knoblauch und Kümmel würzen. Anschließend die inzwischen verdunstete Flüssigkeit mit Wasser ersetzen und den Braten häufig damit begießen. Den Braten noch etwa 30 Minuten fertig garen.

Für die Knödel Erdäpfel weich kochen, schälen, pressen und noch warm mit Erdäpfelstärke, Grieß und Salz zu einem Teig verarbeiten. Knödel formen und im siedenden Wasser 10 bis 15 Minuten leicht köcheln lassen.

Schweinsbraten aus dem Rohr nehmen und in fingerdicke Scheiben schneiden, mit Erdäpfelknödeln servieren.
Sollte der Schweinsbratensaft keinen schönen Glanz und auch keine schöne Konsistenz aufweisen, kann man sich mit 1 EL in kaltem Wasser glatt gerührter Erdäpfelstärke helfen. Diese verleiht dem Bratensaft einen schönen Glanz und eine optimale Konsistenz.

Cordon bleu

Kein Gericht wird öfter falsch geschrieben als das klassische gefüllte Schnitzel. Ich lege mein Cordon bleu nach dem Frittieren noch gerne einige Minuten ins vorgeheizte Backrohr, dadurch wird das Fleisch noch mürber und geschmackvoller.

Zutaten für 4 Personen

4 Kalbs- oder Schweinsschnitzel (à 200 g)
4 Scheiben Käse
4 Scheiben Schinken
Mehl, Eier und Brösel zum Panieren
Schweineschmalz oder Öl
Salz

Schnitzel dünn klopfen, mit Salz würzen. Schnitzel mit Käse und Schinken belegen, zusammenklappen und mit Hilfe eines Zahnstochers verschließen.
Cordon bleu zuerst in Mehl wenden, gut abschütteln, durch verquirltes Ei ziehen, anschließend in Semmelbröseln wenden. In reichlich heißem Fett goldgelb backen. Aus dem Fett heben, mit Küchenpapier abtupfen und auf vorgewärmten Tellern servieren.

Geschmorter **Schweinsschopf** mit Selleriepüree

Die saftige Schweinsbratenalternative, die man für eine größere Tischrunde auch ohne Probleme einen halben Tag zuvor zubereiten kann.

Zutaten für 6–8 Personen

1 Schweinsschopf ($1^1/_2$–2 kg)
Mehl zum Stauben
Öl
3 Zwiebeln
1 EL Zucker
2 EL Ketchup
6 angedrückte Wacholderbeeren
3 angedrückte Knoblauchzehen
1 Thymianzweig
1 Rosmarinzweig
1 l Rotwein
Salz, Pfeffer

Für das Selleriepüree

1 mittelgroße Sellerieknolle
2 EL Butter
Saft von 1 Zitrone
250 ml Obers
Salz

Schweinsschopf in 2–3 cm dicke Scheiben schneiden, mit Mehl stauben und in etwas Öl beidseitig scharf anbraten. Die angebratenen Schweinsschopfscheiben mit Salz und Pfeffer würzen, in ein hitzefestes Geschirr legen.
Zwiebeln schälen, in kleine Stücke schneiden, in etwas Öl goldgelb anschwitzen. Zucker beigeben und nochmals kurz durchrösten. Restliche Zutaten beifügen und mit Rotwein ablöschen, kurz aufkochen, mit Salz abschmecken.
Die heiße Sauce über den Schweinsschopf gießen und bei 170 °C 2 Stunden zugedeckt im Rohr weich schmoren.

Sellerie schälen, in kleine Würfel schneiden und in aufschäumender Butter anbraten ohne Farbe nehmen zu lassen. Zitronensaft sowie Salz zugeben und zugedeckt 5 bis 10 Minuten im eigenen Saft dünsten lassen. Obers zugießen, nochmals kurz aufkochen und mit einem Mixstab pürieren. Mit Salz abschmecken und servieren.
Schweinsschopfscheiben auf Tellern anrichten, mit etwas Sauce begießen und mit Selleriepüree servieren.

Schweinslungenbraten
mit Paradeisern

Sie können dieses praktische Gericht auch mit Hühnerfleisch oder frischen Fischfilets zubereiten.

Schweinslungenbraten in beliebige Stücke schneiden. Paradeiser waschen, kleinwürfelig schneiden. Basilikum abzupfen, waschen und grob hacken. Knoblauch schälen und fein schneiden. Mozzarella in kleine Würfel schneiden.
Lungenbratenstücke in etwas Öl beidseitig anbraten, mit Salz und Pfeffer würzen, aus der Pfanne heben und warm rasten lassen. Zum Bratenrückstand Knoblauch und Paradeiser geben und kurz anschwitzen. Zucker und Ketchup beigeben und durchschwenken. Schweinsfilet, Basilikum und Mozzarella beimengen. Wenn der Mozzarella eine sämige Konsistenz annimmt, Filets aus der Pfanne heben, auf Tellern anrichten und mit der Sauce überziehen.
Dazu passen am besten Blattsalat und Weißbrot.

Zutaten für 4 Personen

2 Schweinslungenbraten
5 Paradeiser
1 Hand voll Basilikum
2 Knoblauchzehen
2 Mozzarella
Öl
1 TL Zucker
1 EL Ketchup
Salz, Pfeffer

Gefülltes **Hendl**

Befüllen Sie die Hühner nicht ganz prall mit Semmelmasse, denn diese geht beim Garen noch ein wenig auf.

Für die Fülle Zwiebel schälen und fein hacken, die Semmeln würfelig schneiden. Zwiebel und Hühnerleber in der Butter glasig anrösten, mit den geschnittenen Semmelwürfeln sowie Milch, Eiern und Majoran gut vermengen, mit Salz würzen. Die Hühner damit füllen und die Öffnung mit einem Zahnstocher verschließen.

Zwiebel, gelbe Rübe und Karotte schälen und in grobe Stücke schneiden. Mit Thymian, Rosmarin und angedrückten Knoblauchzehen vermengen und bereitstellen.

In eine befettete Bratenpfanne die Hühner einlegen und im Rohr bei 180 °C 30 Minuten braten. Das bereitgestellte Gemüse beigeben, etwas Wasser zugießen und die Hendln noch 30 bis 45 Minuten fertig garen.
Hendln aus der Pfanne heben, halbieren und mit dem Schmorgemüse anrichten.

Zutaten für 4 Personen

2 bratfertige Freilandhühner (à 1 kg)
Öl

Für die Fülle

1 Zwiebel
4 Semmeln
140 g Hühnerleber
3 EL Butter
250 ml Milch
3 Eier
1 EL getrockneter Majoran
Salz

Für das Schmorgemüse

1 mittelgroße Zwiebel
1 gelbe Rübe
1 Karotte
1 Thymianzweig
1 Rosmarinzweig
2 Knoblauchzehen

Mariniertes Wiener **Backhendl** mit Erdäpfelsalat

Richten Sie bei gebackenen Gerichten den Salat stets separat an. Auf dem gleichen Teller serviert, saugt das Gebackene die Marinade auf und verliert so die Knusprigkeit.

Zutaten für 4 Personen

2 Hühner
Mehl, Eier und Weißbrotbrösel zum Panieren
Fett zum Backen
Salz, Pfeffer

Für die Hendlmarinade

250 g Sauerrahm
2 EL Ketchup
geriebene Schale von 1 Zitrone
1 Lorbeerblatt
2 EL gehackte Petersilie

Für den Erdäpfelsalat

300 g festkochende Erdäpfel
1 rote Zwiebel
1 kleiner Bund Schnittlauch
Zucker
Tafelessig
Öl
Salz, Pfeffer

Hühner waschen, trocknen und in gewünschte Stücke teilen. Zutaten für die Hendlmarinade verrühren und über die Hendlstücke gießen. Mit Klarsichtfolie bedecken und kurz marinieren lassen.

Erdäpfel in Wasser weich kochen, kurz abkühlen lassen, schälen und in Scheiben schneiden. Zwiebel und Schnittlauch klein schneiden. Lauwarmes Wasser, Zucker, Salz, Essig, Öl und Zwiebel über die Erdäpfel gießen und gut durchmengen. (Der Erdäpfelsalat sollte eine nicht zu flüssige, aber auch nicht zu pappige Konsistenz aufweisen.)

Die marinierten Hühnerstücke aus der Marinade nehmen, mit Salz und Pfeffer würzen, in Mehl, verschlagenen Eiern und Weißbrotbröseln panieren. In reichlich heißem Fett schwimmend langsam goldgelb backen.
Erdäpfelsalat vor dem Anrichten nochmals abschmecken, mit Schnittlauch und frischem Pfeffer bestreuen und mit dem fertigen Backhendl servieren.

Paprikahendl

Durch die Verwendung von frischem roten Paprika erhält die Sauce eine wunderbar fruchtige Note.

Zutaten für 4 Personen

3 Zwiebeln
2 Knoblauchzehen
3 rote (oder gelbe) Paprikaschoten
Öl
edelsüßes Paprikapulver
1 TL Essig
Schale von 1/2 Zitrone
4 Hühnerbrüste
4 Hühnerhaxen
250 ml Schlagobers
Salz, Pfeffer

Zwiebel sowie Knoblauch schälen und mit den entkernten Paprikaschoten grob schneiden. Zwiebel in Öl goldbraun anrösten, Paprikastücke hinzufügen und nochmals kurz durchschwenken. Vom Feuer nehmen, Paprikapulver einrühren und mit Essig ablöschen. Knoblauch und Zitronenschale beigeben, durchrühren und mit Wasser aufgießen.
Die Hühnerstücke mit Salz und Pfeffer würzen, in den Paprikasud legen. Bei mäßiger Hitze 25 bis 30 Minuten leicht köcheln lassen.
Hühnerstücke vorsichtig aus dem Paprikasud heben und in einen Topf geben. Schlagobers zum Paprikasud gießen und mit einem Stabmixer sämig mixen.
Sauce abschmecken, über die Hühnerteile gießen und am besten mit Butternockerln servieren.

Gebackene **Hühnerleber**

Dazu ist Erdäpfel-Mayonnaise-Salat (Seite 122) für mich eigentlich unverzichtbar.

Zutaten für 4 Personen

1 kg Hühnerleber
Mehl, Eier und Brösel zum Panieren
Öl
Salz

Hühnerleber peinlich genau zuputzen, um nur ja keine grünen, bitter schmeckenden Gallenreste dabeizuhaben. Leber in gewünschte Stückgröße schneiden und mit Mehl, Eiern und Bröseln panieren. Schwimmend in reichlich Öl goldgelb ausbacken. Gebackene Hühnerleber aus dem Fett heben, auf einem Küchenpapier abtropfen lassen und erst jetzt mit Salz würzen. Dadurch bleibt die Hühnerleber saftiger.

Martinigansl mit Rotkraut

Statt Rotkraut kann man dazu auch lauwarmen Speckkrautsalat servieren. Der klassische Erdäpfelknödel sollte beim Gansl aber nicht fehlen.

Gans mit heißem Wasser abwaschen (dadurch wird die Haut noch knuspriger), Flügerl abschneiden, innen mit Salz würzen. Abgeschnittene Flügerl in eine geräumige Pfanne legen und die Gans mit der Brustseite nach unten darauflegen. Mit heißem Wasser zwei Finger hoch aufgießen und im vorgeheizten Backrohr bei 170 °C 1$^1/_2$ Stunden braten. Gans vorsichtig wenden und in weiteren 1$^1/_2$ Stunden fertig braten. Gansl aus der Pfanne nehmen und bereitstellen.

Dem Bratenrückstand den geschnittenen Apfel, Majoran, Zucker und Ketchup zufügen, kurz durchrösten. Mit Rotwein ablöschen, kurz aufkochen lassen und mit etwas Wasser aufgießen. Sauce leicht verköcheln lassen, abseihen und mit Salz und Zucker abschmecken.

Für das Rotkraut Zwiebeln schälen und in feine Streifen schneiden. Vom Rotkraut den Strunk herausschneiden und in feine Streifen schneiden. In einer Pfanne Schmalz erhitzen, Zwiebeln und Zucker zufügen und glasig anschwitzen. Rotkraut beigeben, durchrühren und mit Rotwein und Orangensaft aufgießen. Preiselbeeren, Essig und Suppenpulver zugeben und zugedeckt in ca. 15 bis 20 Minuten weich dünsten. Erdäpfelstärke mit kaltem Wasser verrühren und dem Rotkraut zufügen (dadurch erhält das Rotkraut einen schönen Glanz und eine bessere Bindung).
Gansl in gewünschte Stücke teilen, mit Bratensaft und Rotkraut servieren.

Zutaten für 4 Personen

1 Gans (ca. 3$^1/_2$ kg)
Salz

Für die Sauce

1 Apfel, in Scheiben geschnitten
2 EL getrockneter Majoran
1 EL Zucker
1 EL Ketchup
500 ml Rotwein
Salz

Für das Rotkraut

3 Zwiebeln
1 mittelgroßer Kopf Rotkraut
2 EL Schmalz
2 EL Zucker
500 ml Rotwein
500 ml Orangensaft
4 EL Preiselbeeren
1 EL Essig
Suppenpulver
1 TL Erdäpfelstärke

Gebackenes **Hirn**

Ein Gustostückerl für Innereien-Liebhaber. Je nach Marktsituation auch mit Kalb denkbar. Dazu passen grüner Salat und Schnittlauchsauce.

Zutaten für 4 Personen

8 Schweinshirne
1 EL Zitronensaft
1 EL gehackte Petersilie
Mehl, Ei und Brösel zum Panieren
Öl
Salz

Schweinshirne unter fließendem Wasser von eventuellen Blutresten befreien und abhäuten.
Hirn mit Zitronensaft beträufeln, mit gehackter Petersilie bestreuen und mit Salz würzen. Mit Mehl, Eiern und Bröseln panieren und schwimmend in heißem Öl goldgelb backen. Aus dem Öl heben und auf Küchenpapier abtropfen lassen bzw. trocken tupfen.
Auf vorgewärmten Tellern anrichten.

Geröstetes Hirn mit Ei

Früher, als es selbstverständlich war, von Tieren nicht bloß die zwei Filetstücke zu verwenden, war Hirn noch ein Standard auf allen Speisekarten.
Heute muss man es beim Fleischer seines Vertrauens vorbestellen.
Achten Sie darauf, dass dieses Gericht stets eine cremige Konsistenz aufweist, weil es nur dann wirklich gut schmeckt.

Zutaten für 4 Personen

8 Schweinshirne
2 Zwiebeln
Öl
6 Eier
1 EL getrockneter Majoran
reichlich Schnittlauch, frisch geschnitten
Salz, Pfeffer

Schweinshirne unter fließendem Wasser von verbliebenen Blutresten befreien und die Haut abziehen, dann fein hacken. Zwiebeln schälen und fein schneiden.
In einer beschichteten Pfanne Öl erhitzen und die Zwiebeln darin braun anrösten. Gehacktes Hirn zufügen und kurz durchschwenken. Eier aufschlagen, zugeben und kurz anstocken lassen. Majoran zufügen und vorsichtig durchrühren. Mit Salz und Pfeffer würzen.
Auf vorgewärmten Tellern anrichten und mit reichlich Schnittlauch bestreut servieren.

Geröstete **Nierndln** mit Ei

Beuschel, Kutteln, geröstete Nierndln oder Leber und Bruckfleisch waren beim klassischen Gabelfrühstück die schlachtfrischen Attraktionen, die den vormittäglichen Hunger stillten, ohne aber den Appetit aufs Mittagessen zu verderben. Denn eines sind Innereien in jedem Fall: leicht verdaulich und nicht übermäßig schwer …

Nieren der Länge nach aufschneiden, Fettstränge mit einem scharfen Messer vorsichtig entfernen. Die zugeputzten Nieren blättrig schneiden. Zwiebeln und Knoblauch schälen, klein schneiden, in aufschäumender Butter goldgelb anrösten und bereitstellen.

Nieren in Öl scharf anbraten, erst jetzt mit Salz und Pfeffer würzen, Röstzwiebeln und Majoran beigeben, kurz durchschwenken. Eier beifügen, etwas stocken lassen und vorsichtig schwenken. Die Eier sollten nicht zu fest werden, sondern eine cremige Konsistenz aufweisen.

Nieren mit frischem Schnittlauch bestreuen und mit frischem Gebäck oder gekochten Erdäpfeln servieren.

Zutaten für 4 Personen

1 kg Nieren (Schwein oder Kalb)
2 Zwiebeln
1 Knoblauchzehe
1 EL Butter
Öl
1 EL Majoran
5 Eier
2 EL geschnittener Schnittlauch
Salz, Pfeffer

Kutteln mit Paradeisern und Liebstöckel

In einem österreichischen Appetitlexikon aus dem 19. Jahrhundert werden die Vorzüge der Kutteln (oder Kaldaunen, wie sie auch oft genannt werden) so dargestellt: „Kutteln werden so fabelhaft schnell und gründlich verdaut, dass man um zwei Uhr mit dieser Speise zum Bersten gesättigt, doch bereits um vier Uhr vor erneuertem Hunger in Ohnmacht fallen kann."

Zutaten für 4 Personen

1 kg rohe Kutteln
2 Lorbeerblätter
1 Suppengrün
Suppenpulver
3 Knoblauchzehen
6 Paradeiser
Öl
3 EL Ketchup
2 EL Zucker
2 EL fein geschnittener Liebstöckel
Salz

Kutteln putzen (oder vom Fleischhauer vorbereiten lassen) und mit kaltem Wasser sorgfältig waschen. Kutteln mit reichlich Wasser bedeckt, gemeinsam mit Lorbeerblättern, Suppengrün und Suppenpulver für ca. 4 Stunden kochen. Immer wieder mit etwas frischem Wasser auffüllen. Gekochte Kutteln auskühlen lassen und in dünne Streifen schneiden.
Knoblauch schälen und in feine Streifen schneiden. Paradeiser in heißem Wasser kurz blanchieren, kalt abschrecken. Die Haut abziehen und das Fruchtfleisch grob schneiden. Knoblauch in Öl kurz anschwitzen ohne Farbe nehmen zu lassen. Die geschnittenen Paradeiser zufügen und durchschwenken. Ketchup, Salz und Zucker zufügen, sämig verkochen lassen. Die fein geschnittenen Kutteln sowie den Liebstöckel zugeben, nochmals kurz aufkochen lassen und in vorgewärmten tiefen Tellern servieren.

TIPP Ich liebe zu diesem Kuttelgericht fein geriebenen Parmesan und flaumige Gnocchi.

Beuschel mit Serviettenknödel

Kenner wissen es: Beuschel kann selbstverständlich auch aus Lunge und Herz von Lamm, Kalb oder etwa Spanferkel hergestellt werden.

Zutaten für 4 Personen

3 Schweinsherzen
3 Schweinslungen
1 EL Essig
2 Karotten
Suppenpulver
3 Zwiebeln
2 Knoblauchzehen
Schmalz
5 Essiggurkerl
10 Kapernbeeren
geriebene Schale von 1 Zitrone
1 EL Senf
3 EL Mehl
200 ml Obers
3 EL geschnittener Schnittlauch
Salz, Pfeffer

Herzen und Lungen unter fließendem Wasser gut zuputzen und von eventuellen Blutresten in den Herzkammern befreien. Beuschel in reichlich Wasser mit Essig, den geputzten Karotten und Suppenpulver ca. 2 Stunden weich kochen. Fertig gekochtes Beuschel aus dem Fond heben und auskühlen lassen. Die Lungen zwischen zwei Teller legen und diese mit einem schweren Gegenstand beschweren. (Durch diesen Pressvorgang lässt sich die Lunge später ganz einfach schneiden.)
Kochfond bereitstellen, Karotten klein schneiden. Ausgekühlte Herzen und Lungen in feine Streifen schneiden.
Zwiebeln und Knoblauch schälen, in feine Streifen schneiden. In einem geräumigen Topf Schmalz erhitzen, Zwiebel und Knoblauch darin glasig anrösten. Fein geschnittene Gurkerl und Kapernbeeren sowie Zitronenschale und Senf beifügen. Nochmals durchrösten, mit Mehl stauben und mit Beuschelfond aufgießen, aufkochen lassen. Das geschnittene Beuschel sowie die Karotten beifügen, Obers zugießen und nochmals kurz aufkochen lassen.

Für die Serviettenknödel

500 g Toastbrot
2 EL Butter
3 Eier
4 EL Sauerrahm
Salz

Für die Serviettenknödel Brot in Würfel schneiden. In einer heißen Pfanne die Butter kurz aufschäumen und braun werden lassen. Eier, Sauerrahm, braune Butter und Salz zum Brot geben und durchmischen. Die durchweichte Masse der Länge nach auf eine Klarsichtfolie auftragen und den Knödelteig zur gewünschten Breite (ca. 5 cm Durchmesser) bringen. Folie an beiden Enden sorgfältig verschließen und nochmals mit Alufolie umwickeln. In siedendem Wasser etwa 20 Minuten ziehen lassen, aus dem Wasser heben, aus der Folie nehmen und portionieren.
Beuschel mit frisch geschnittenem Schnittlauch bestreuen und mit Serviettenknödel anrichten.

Rahmherz mit Semmelknödel

Ein weiteres Beispiel für einen Wiener Klassiker, der leider zunehmend in Vergessenheit gerät.

Herz in reichlich Wasser mit allen angeführten Zutaten in etwa 2 Stunden weich kochen. Herz aus dem Kochfond heben (Fond beiseitestellen), abkühlen lassen und feinblättrig schneiden. Karotte und gelbe Rübe ebenfalls klein schneiden.

Für die Sauce Champignons putzen und schneiden. In einer Pfanne Öl erhitzen, Zwiebeln und Knoblauch fein schneiden und goldgelb anrösten. Champignons zufügen, kurz durchschwenken, Senf unterrühren und mit Mehl stauben, kurz durchrühren und mit dem Kochfond aufgießen. Sauce in etwa 5 Minuten zu sämiger Konsistenz köcheln lassen. Obers beimengen, nochmals aufkochen und das geschnittene Herz sowie die Karotten und gelben Rüben hinzufügen. Vor dem Servieren mit glatt gerührtem Sauerrahm und der gehackten Petersilie vollenden.

Für die Knödel Semmeln in kleine Würfel schneiden und in eine Schüssel geben. Zwiebel schälen, fein schneiden und in Schmalz oder Butter goldbraun rösten und zu den Semmeln geben. Eier, Milch und Mehl ebenfalls zu den Semmelwürfeln geben, gut durchmischen, mit Salz abschmecken und die Masse kurz rasten lassen. Beliebig große Knödel formen und in gesalzenem Wasser zugedeckt 15 bis 20 Minuten garen.

Zutaten für 4 Personen

1 kg Schweinsherz
1 Karotte
1 gelbe Rübe, geschält
1 Lorbeerblatt
2 angedrückte Knoblauchzehen
2 EL Essig
2 Suppenwürfel

Für die Sauce

500 g Champignons
Öl
2 Zwiebeln
2 Knoblauchzehen
2 EL Estragonsenf
1 EL Mehl
500 ml Obers
2 EL Sauerrahm
1 EL gehackte Petersilie

Für die Semmelknödel

6 Semmeln
1 kleine Zwiebel
2 EL Schmalz oder Butter
2 Eier
250 ml Milch
2 EL Mehl
Salz

Geröstete **Schweinsleber** mit Majoranzwiebeln

Die Majoranzwiebeln ergeben eine besonders schmackhafte Sauce.
Würzen sie die Leber niemals vor dem Anbraten, weil sie sonst hart und zäh wird.

Zutaten für 4 Personen

600 g Schweinsleber
4 Zwiebeln
Schmalz
1 EL Zucker
1 TL Paprikapulver
2 EL getrockneter Majoran
125 ml Sojasauce
1 EL Butter

Die Schweinsleber putzen und in nicht zu dünne Scheiben schneiden, Zwiebeln schneiden.
Schmalz in einer Pfanne erhitzen und die geschnittenen Zwiebeln darin goldbraun anrösten. Zucker, Paprikapulver und Majoran zufügen, durchschwenken. Mit Sojasauce ablöschen, kurz aufkochen lassen und bereitstellen.
Butter in einer Pfanne aufschäumen lassen, Schweinsleber zufügen und scharf anbraten. Die fertigen Majoranzwiebeln zugeben und nochmals kurz durchschwenken.
Dazu passen am besten grüner Salat und frisches Weißbrotgebäck.

Bruckfleisch

Der Name Bruckfleisch rührt daher, dass bei diesem Gericht ausschließlich Fleisch und Innereien zur Verwendung kommen, die frisch von der Schlachtbrücke (in Volksmund „Bruck“) stammen. Dazu gehören Kronfleisch, Milz, Bries, Leber, Herz und Lichteln (Aorta oder Herzröhre).

Zutaten für 4 Personen

1 kg Bruckfleisch
1 Karotte
1 gelbe Rübe
2 Lorbeerblätter
Suppenpulver
3 Zwiebeln
2 Knoblauchzehen
Öl
1 l Rotwein
3 EL Ketchup
Salz, Pfeffer

Die Zutaten für das Bruckfleisch lassen Sie am besten vom Fleischhauer küchenfertig vorbereiten. Herz und Leber blättrig, Milz und Kronfleisch in kleine Streifen, Bries in kleine Würfel schneiden. Die Lichteln in reichlich Wasser mit dem geschälten Gemüse, 1 Lorbeerblatt und Suppenpulver ca. 2 Stunden weich kochen. Das Gemüse bereits nach etwa 1 Stunde Kochzeit aus dem Wasser nehmen und klein schneiden. Die fertigen Lichteln in feine Ringe schneiden.
Zwiebeln und Knoblauch schälen, klein schneiden. In einem geräumigen Topf Öl erhitzen, Zwiebeln und Knoblauch darin anbraten. Zuerst das geschnittene Kronfleisch zufügen, kurz durchrösten und am besten zugedeckt im auf 170 °C vorgeheizten Rohr im eigenen Saft ca. 40 Minuten weich schmoren. – Falls nötig, etwas Rotwein zugießen.
Das geschnittene Herz, Ketchup und 1 Lorbeerblatt sowie etwas Rotwein zugeben und für weitere 45 Minuten zugedeckt im Rohr schmoren. Anschließend die geschnittene Milz zufügen, abermals etwas Rotwein zugeben und 20 Minuten mitschmoren. Zum Schluss das geschnittene Bries und die Leber zufügen und in etwa 15 Minuten fertig schmoren. Bruckfleisch aus dem Rohr nehmen, die in feine Ringe geschnittenen Lichteln sowie das kleinwürfelig geschnittene Gemüse unterheben, mit Salz und Pfeffer abschmecken. Dazu passen Serviettenknödel.

TIPP Ich koche beim Bruckfleisch die Lichteln extra, weil sie dadurch ihre weiße Farbe behalten und im fertig gegarten Zustand leichter zu schneiden sind. Das Gemüse wird bei meinem Bruckfleisch ebenfalls extra gekocht, da es dadurch die Farbe behält und dem Gericht eine ansprechendere Optik verleiht.

Forelle Müllerin

Versuchen Sie statt der handelsüblichen Regenbogenforelle eine ungleich besser schmeckende Bachforelle zu bekommen.
Das Rezept funktioniert natürlich auch mit Saibling.

Zutaten für 4 Personen

4 Forellen (à 350 g)
Öl zum Braten
Weißbrotbrösel
Mehl
4 EL Butter
Saft von 1 Zitrone
2 EL gehackte Petersilie
Salz, Pfeffer

Forelle ausnehmen (erledigt am besten der Fischhändler).
Forelle innen und außen mit Salz und Pfeffer würzen.
In einer beschichteten feuerfesten Pfanne etwas Öl erhitzen.
Den Fisch zuerst in Brösel, anschließend in Mehl wälzen und beidseitig anbraten, in das auf 180 °C vorgeheizte Rohr stellen.
Nach ca. 4 Minuten umdrehen und nochmals so lange braten, bis die Haut goldgelb und knusprig ist.

Fertige Forelle auf einem Teller anrichten. Dem Bratenrückstand Butter, Zitronensaft, Petersilie und Salz zufügen, kurz aufschäumen lassen und die Forellen damit übergießen.
Mit frischem Blattsalat und Petersilerdäpfeln servieren.

Gebratenes **Karpfen**filet auf Bohnengulasch

Zu Weihnachten muss der Karpfen für mich unbedingt gebacken sein.
Für den Rest des Jahres ist der gebratene Karpfen jedoch eine wunderbare Alternative.

Für das Bohnengulasch in einer Pfanne Öl erhitzen, Zwiebeln, Paprika und Knoblauch goldbraun anrösten. Eine Scheibe Hamburgerspeck sowie einen Liebstöckelzweig zugeben, nochmals kurz durchschwenken. Paprikapulver und Essig beigeben, mit Wasser aufgießen. Mit Salz und Pfeffer abschmecken, bei kleiner Hitze 15 bis 20 Minuten köcheln lassen. Obers beimengen, nochmals kurz aufkochen lassen, den Hamburgerspeck und den Liebstöckel entfernen. Die Sauce im Standmixer fein pürieren.
Bohnen in reichlich Wasser mit dem Knoblauch, einer Scheibe Hamburgerspeck und einem Liebstöckelzweig weich kochen. Abseihen und mit der Paprikasauce vermengen. Nochmals kurz aufkochen und abschmecken.

Karpfenfilets in die gewünschte Größe schneiden, mit Zitronensaft beträufeln, mit Petersilie bestreuen, mit Salz würzen. Karpfenfilets auf der Hautseite zuerst mit Bröseln, danach mit Mehl bestreuen (so wird die Haut beim Braten knuspriger). In einer Pfanne Öl erhitzen und die Butter beigeben. Wenn die Butter aufschäumt, die Fischfilets auf der Hautseite einlegen und 2 bis 3 Minuten braten. Die Knoblauchzehen andrücken und beigeben und die Karpfenfilets immer wieder mit der aufschäumenden Butter übergießen. Karpfenfilets aus der Pfanne heben und mit der Hautseite nach oben auf dem Bohnengulasch anrichten.

TIPP Die Bohnen beim Kochen nicht salzen, sonst bleibt die Schale bissfest und wird nicht richtig weich.

Zutaten für 4 Personen

Für das Bohnengulasch

Öl zum Braten
2 Zwiebeln, grob geschnitten
2 rote Paprika, entkernt und grob geschnitten
3 Knoblauchzehen, geschnitten
2 Scheiben Hamburgerspeck
2 Liebstöckelzweige
1 EL edelsüßes Paprikapulver
1 TL Essig
250 ml Obers
200 g getrocknete oder frische Bohnen
3 Knoblauchzehen, angedrückt
Salz, Pfeffer

Für das Karpfenfilet

2 geschröpfte (leicht eingeschnittene, daher grätenfreie) Karpfenfilets
2 EL Zitronensaft
1 EL gehackte Petersilie
Weißbrotbrösel und Mehl
Öl zum Braten
1 EL Butter
2 Knoblauchzehen
Salz

Gebratenes **Kabeljau**filet auf Rahmgurkensalat

Im Zuge der Überfischung der Weltmeere wird auch der einst inflationäre Kabeljau zur gesuchten Rarität. Sie können selbstverständlich auch einen anderen festfleischigen Meeresfisch verwenden.

Zutaten für 4 Personen

4 Kabeljaufilets (à 150 g)
Brösel und Mehl
Öl
Salz

Für den Rahmgurkensalat

2 Gurken
2 Knoblauchzehen
Tafelessig
Öl
1 Prise Zucker
250 ml Sauerrahm
Salz, Pfeffer

Kabeljaufilets mit Salz würzen, nur auf einer Seite zuerst in Brösel, anschließend in Mehl einlegen. Öl in einer Pfanne erhitzen, Kabeljaufilet zuerst mit der Brösel-Mehl-Seite einlegen, goldbraun anbraten, kurz umdrehen und in 2 bis 3 Minuten fertig garen. Aus der Pfanne heben und warm stellen.

Gurken schälen und mit einem Hobel dünnblättrig schneiden. Die Gurken salzen und etwa 5 Minuten stehen lassen. Danach leicht ausdrücken und die ausgetretene Flüssigkeit wegleeren. Knoblauchzehen schälen, auf einem Reibeisen fein raspeln und den Gurken beigeben. Mit Essig, Öl, Zucker, Pfeffer und Salz abschmecken. Vor dem Servieren den Sauerrahm unterheben. Rahmgurken mit dem gebratenen Kabeljaufilet anrichten.

Gebratener **Zander** mit Zitronen-Kapern-Butter

Die Zitronen-Kapern-Butter verleiht gebratenen Fischfilets den gewissen Touch. Als Beilage eignet sich ein mit reichlich Knoblauch parfümiertes Erdäpfelpüree.

Zanderfilets salzen, die Außenseite mit Senf einstreichen. Gehackte Petersilie auf die Senfschicht aufdrücken, anschließend das Filet zuerst in Brösel, danach in Mehl tauchen. Öl in einer beschichteten Pfanne erhitzen und bei mäßiger Hitze die Zanderfilets mit der Bröselseite nach unten einlegen. Sobald die Kruste schön braun ist, Zanderfilets wenden, Butter zufügen und mit der aufschäumenden Butter die Zanderfilets mehrmals übergießen. Dadurch wird das Filet geschmackvoller und die Kruste noch knuspriger. Zanderfilets aus der Pfanne heben und warm stellen.

Im Bratenrückstand Zitronenfilets, Kapernbeeren, Knoblauch und Zitronenschale zufügen. Kurz durchschwenken, mit Weißwein ablöschen. Aufkochen lassen, dann vom Herd nehmen und die Sauce mit kalter Butter montieren. Frisch gehackte Petersilie zufügen, mit Salz abschmecken. Die Sauce darf jetzt nicht mehr aufkochen, weil sie sonst wieder ihre Bindung verliert. Zitronen-Kapern-Butter auf vorgewärmten Tellern anrichten, die gebratenen Zanderfilets daraufsetzen.

Zutaten für 4 Personen

4 Zanderfilets (à 150 g)
1 EL Senf
1 EL gehackte Petersilie
2 EL Semmelbrösel
2 EL Mehl
Öl
1 EL Butter
Salz

Für die Zitronen-Kapern-Butter

Filets von 1 Zitrone
20 Kapernbeeren
1 TL gehackter Knoblauch
geriebene Schale von 1 Zitrone
250 ml Weißwein
3 EL kalte Butter
1 EL gehackte Petersilie
Salz

Wels im Backrohr mit Paradeisern, Kapern und Knoblauch

Dieses Gericht ist ganz einfach herzustellen und eignet sich besonders gut für heiße Sonnentage, an denen man seine Zeit nicht in der Küche, sondern auf der Sonnenliege verbringt.

Zutaten für 4 Personen

4 Welsfilets (à 250 g)
Butter
5 Paradeiser
5 Knoblauchzehen
1 Hand voll Kapernbeeren
2 EL gehackte Petersilie
Salz

Welsfilets salzen und auf einem Backblech verteilen, mit einigen Butterflocken belegen. Paradeiser waschen, vom Strunk befreien und halbieren, mit Salz würzen. Knoblauch schälen und grob schneiden. Paradeiser, Knoblauch und Kapernbeeren gleichmäßig über die Welsfilets verteilen und im vorgeheizten Rohr bei 180 °C 20 Minuten braten.

Fertig gegarte Welsfilets auf Tellern anrichten, mit Paradeisern, Knoblauch und Kapernbeeren belegen und mit dem entstandenen Bratensaft beträufeln. Mit frisch gehackter Petersilie bestreuen. Dazu passen grüner Salat, Weißbrot oder Erdäpfel.

Saibling im Backteig auf eingelegtem Paprika

Vom eingelegten Paprika bereite ich immer gleich eine größere Menge zu, weil dieser im Kühlschrank lange haltbar ist und mit Fleischgerichten hervorragend harmoniert.

Zutaten für 4 Personen

Für den eingelegten Paprika

3 rote Paprika
3 gelbe Paprika
Essig
Öl
8 Knoblauchzehen
Zucker
Salz

Für den Saibling

8 halbierte Saiblingfilets
Saft von 1 Zitrone
1 EL gehackte Petersilie
250 ml helles Bier
250 g Mehl
3 Eier
2 EL Öl
2 EL Mehl
Fett zum Ausbacken
Salz

Paprika waschen und ca. 5 Minuten in Wasser kochen, danach in kaltem Wasser abschrecken (so löst sich die Haut besser). Nun den Strunk sowie Kerne und Haut entfernen. Paprika in gewünschte Stücke schneiden. Paprikafilets schichtweise in eine geräumige Form geben und mit Essig, Öl, klein geschnittenem Knoblauch, Zucker und Salz abschmecken. Mit einer Klarsichtfolie bedecken und durchziehen lassen.

Saiblingfilets auf der Hautseite mit einem scharfen Messer leicht einschneiden (damit bleibt die Filetform beim Ausbacken besser erhalten). Fisch salzen, mit Zitronensaft beträufeln und mit gehackter Petersilie bestreuen.
Für den Backteig Bier mit Mehl glatt rühren. Eier trennen. Dotter, Salz und Öl in die Biermasse einrühren. Eiklar mit einer Prise Salz zu steifem Schnee schlagen und unter den Teig heben. Saiblingfilets durch Mehl ziehen (dadurch bleibt der Teig besser haften), durch den Backteig ziehen und in heißem Fett schwimmend bei nicht zu starker Hitze langsam goldbraun ausbacken. Den gebackenen, mit Küchenpapier trocken getupften Fisch mit eingelegtem Paprika dekorativ anrichten.

Lachsnockerl auf Blattspinat mit Dillsauce

Dieses einfache Gericht lässt sich auch wunderbar mit Abschnitten von Fischfilets zubereiten. Selbstverständlich kann man dafür statt Lachs auch andere Fischarten verwenden.

Lachs durch die feine Scheibe des Fleischwolfes drehen (oder mit Hilfe einer Küchenmaschine fein pürieren). Fischpüree in eine vorgekühlte Schüssel geben, das Ei sowie nach und nach das eiskalte Schlagobers unterrühren, mit Salz und Pfeffer würzen. Masse kalt stellen. In einem Topf Salzwasser aufkochen, abgezupfte Dillstängel und einen Schuss Weißwein zufügen. Aus der gut gekühlten Lachsmasse mit zwei Esslöffeln Nockerl formen und in siedendem Wasser garen. Wichtig: Das Wasser darf nicht sprudelnd kochen, weil die Lachsnockerl sonst zerfallen würden.

Für die Sauce das Obers aufkochen, mit etwas Suppenpulver würzen und mit der in kaltem Wasser aufgelösten Erdäpfelstärke abziehen. Gehackte Dille zufügen.

Blattspinat putzen, waschen, abtropfen und in aufschäumender brauner Butter kurz durchschwenken, mit Salz und Pfeffer würzen. Den Blattspinat in tiefen Tellern anrichten, mit Hilfe eines Schöpfers die Lachsnockerl aus dem Wasser heben, abtropfen lassen, auf den Blattspinat setzen und mit Dillsauce servieren.

Zutaten für 4 Personen

250 g Lachsfilet bzw. Lachsreste
1 Ei
150 ml kaltes Schlagobers
Dillstängel
Schuss Weißwein
Salz, Pfeffer

Für die Dillsauce

500 ml Schlagobers
Suppenpulver
1 TL Erdäpfelstärke
1 kleiner Bund gehackte Dille

Für den Blattspinat

400 g junger Blattspinat
2 EL Butter
Salz, Pfeffer

Wiener **Heringsschmaus**

Ich bereite meinen Heringsschmaus gerne schon am Vortag zu, weil er dann wunderbar durchziehen kann und noch besser schmeckt.

Zutaten für 4 Personen

250 g Heringsfilet
250 g Matjesfilet
2 kleine Äpfel
5 gekochte Erdäpfel
3 Essiggurkerl
1 kleine Dose Thunfisch (in Wasser eingelegt)
50 g gekochte weiße Bohnen
50 g gekochte rote Bohnen
250 g Sauerrahm
5 EL Ketchup
200 g Mayonnaise

Herings- und Matjesfilets in kleine Stücke schneiden, in eine Schüssel geben. Äpfel, Erdäpfel und Gurkerl klein schneiden und beimengen, Thunfisch samt Einlegewasser sowie weiße und rote Bohnen dazugeben, mit Sauerrahm, Ketchup und Mayonnaise vermischen.
Der Heringsschmaus sollte nun eine schöne sämige Konsistenz aufweisen. Sollte dies nicht der Fall sein, kann man sich durch Zugabe von etwas Gurkerlwasser behelfen.
Heringsschmaus beliebig mit gekochten Eiern, Kaviar und Blattsalat verzieren und am besten mit frischem Brot oder Gebäck servieren.

Salate

Salate und Marinaden für viele Gelegenheiten. Wer oft Blattsalat isst, sollte unbedingt die Anschaffung einer Salatschleuder in Erwägung ziehen.

Gemischter **Blattsalat**

Zutaten für 4 Personen
500 g gemischter Blattsalat
Tafelessig
Öl
Salz, Zucker

Blattsalat putzen, zerkleinern und unter fließendem Wasser gut abspülen. Blattsalat gut abtropfen lassen und bereitstellen. In einer großen Schüssel Tafelessig, Salz und Zucker mit Hilfe eines Schneebesens verrühren und das Öl langsam einrühren, sodass eine sämige Bindung entsteht. Blattsalat erst unmittelbar vor dem Servieren durch die Marinade ziehen.

Paradeisersalat

Zutaten für 4 Personen
800 g Paradeiser
1 rote Zwiebel
Tafelessig
Öl
Salz, Zucker

Paradeiser waschen, Strunk herausschneiden. Paradeiser in nicht zu feine Scheiben schneiden und in eine große Schüssel geben. Mit fein gehackter roter Zwiebel bestreuen. Aus Tafelessig, Öl, Salz und Zucker eine Marinade rühren und über die Paradeiser gießen.

Fisolensalat

Zutaten für 4 Personen
500 g Fisolen
1 rote Zwiebel
Tafelessig
Öl
Salz, Zucker

Fisolen waschen und putzen, in kochendem Salzwasser bissfest garen und mit kaltem Wasser abspülen. Zwiebel fein schneiden. Aus Tafelessig, Öl, Salz und Zucker eine Marinade rühren, mit den Fisolen vermengen und mit roter Zwiebel garnieren.

Erdäpfel-Mayonnaise-Salat

Zutaten für 4 Personen

Erdäpfelsalat
4 EL Mayonnaise

Das Rezept für den Erdäpfelsalat finden Sie auf Seite 92.
Den fertigen Erdäpfelsalat mit Mayonnaise vermengen. Dabei darauf achten, dass der Erdäpfelsalat nicht zu viel Marinade hat, weil sonst die Mayonnaise zu dünnflüssig wird.

Erdäpfel-Rahm-Salat

Zutaten für 4 Personen

Erdäpfelsalat
2–3 EL Sauerrahm
2 EL Schnittlauch
Pfeffer

Eine herrliche Alternative, um übrig gebliebenen Erdäpfelsalat wieder frisch und geschmackvoll auf den Teller zu bringen.
Erdäpfelsalat mit Sauerrahm vermengen, mit frisch geschnittenem Schnittlauch und Pfeffer abschmecken.

Erdäpfel-Gurken-Salat

Zutaten für 4 Personen

2 Gurken
2 Knoblauchzehen
2 Erdäpfel, gekocht und geschält
Tafelessig
Öl
Salz, Pfeffer, Zucker

Eine sensationelle Alternative zum klassischen Wiener Erdäpfelsalat. Ideal als Beilage zum Backhendl.
Gurken schälen und mit einem Hobel dünnblättrig schneiden, salzen und vorsichtig ausdrücken. Knoblauchzehen auf einem Reibeisen fein raspeln und zur Gurke geben. Erdäpfel in feine Scheiben schneiden und beigeben. Salat mit Tafelessig, Öl, Salz, Pfeffer und Zucker abschmecken.

Bohnensalat

Zutaten für 4 Personen

500 g gekochte weiße bzw. rote Bohnen
1 rote Zwiebel
2 EL scharfer Senf
Tafelessig, Öl
Salz, Zucker

Bohnen abseihen und abwaschen. Zwiebel fein schneiden und mit Bohnen und Senf vermengen, mit Essig, Öl, Salz, Zucker und Wasser kräftig abschmecken.

Karotten-Knoblauch-Salat

Karotten schälen und in Scheiben schneiden, in Salzwasser bissfest kochen, danach mit kaltem Wasser abspülen. Knoblauch schälen und fein hacken, Karotten mit Knoblauch in einer Schüssel vermengen und mit Currypulver, Essig, Öl, Salz, Zucker und Wasser abschmecken.

Zutaten für 4 Personen

8 Karotten
4 Knoblauchzehen
1 EL Currypulver
Tafelessig, Öl
Salz, Zucker

Rote-Rüben-Salat Seite 30 bei gebackenem Karfiol
Erdäpfelsalat Seite 92 bei Backhendl
Krautsalat Seite 34 bei Fleischknödel
Rahmgurkensalat Seite 112 bei Kabeljaufilet

Marinaden

Joghurtdressing

Alle Zutaten miteinander verrühren und je nach persönlichem Geschmack mit mehr oder weniger Essig abschmecken. Ich füge diesem Dressing noch gerne etwas Blauschimmelkäse bei, weil es dadurch noch würziger wird und optimal mit Bittersalaten wie Radicchio, Chicorée oder Frisée harmoniert.

Zutaten für 4 Personen

250 g Joghurt
Saft von 1 Zitrone
Tafelessig
Salz, Pfeffer, Zucker

Erdäpfeldressing

Am besten harmoniert dieses Dressing mit Vogerlsalat, der mit knusprigen Speckwürfeln serviert wird. Alle Zutaten vermengen und zu einem cremigen Dressing verrühren.

Zutaten für 4 Personen

1 Erdapfel, gekocht und passiert
1 Knoblauchzehe, gerieben
1 TL getrockneter Majoran
Tafelessig
Öl
Salz, Pfeffer, Zucker

Kaiser**schmarren**

Ich füge meiner Kaiserschmarrenmasse noch gerne 2 bis 3 Esslöffel Sauerrahm bei, dadurch wird der Schmarren noch geschmackvoller und saftiger.

Zutaten für 4 Personen

6 Eier
4 EL Kristallzucker
1 Prise Salz
250 ml Milch
130 g glattes Mehl
1 EL Vanillezucker
2 EL Rum
1 TL Zimt
Butter
4 EL Rosinen
Staubzucker

Eier in Dotter und Klar trennen. Eiklar mit 3 EL Kristallzucker und einer Prise Salz zu steifem Schnee schlagen.
In einer Schüssel Milch, Mehl, Eidotter, Vanillezucker, Rum und Zimt glatt rühren. Eischnee unter den Teig heben.
In einer hitzefesten Pfanne etwas Butter aufschäumen lassen, den Teig eingießen. Zuerst am Herd anbacken, mit Rosinen bestreuen, umdrehen und dann im auf 170 °C vorgeheizten Rohr braun backen.
Pfanne herausnehmen, Teigmasse in kleine Stücke zerreißen. In die Mitte 1 EL Butter und 1 EL Zucker geben. Die Butter aufschäumen lassen, sodass der Zucker leicht karamellisiert. Die Kaiserschmarrenstücke nun vorsichtig durchschwenken, mit Staubzucker bestreuen und am besten in der Pfanne servieren.

Kipferlkoch mit Himbeersaft und Vanilleobers

Fügen Sie als Variante dem Kipferlkoch noch in aufschäumender Butter geschwenkte Apfelspalten hinzu. Der säuerliche Geschmack der Äpfel passt sehr gut.

Zutaten für 4 Personen

120 g mürbes Kipferl
250 ml Milch
3 Eier
1 EL Rosinen
1 EL Rum
Butter und Kristallzucker für die Formen
125 ml Schlagobers
1 TL Vanillezucker
125 ml Himbeersaft

Kipferl in kleine Stücke schneiden.
Milch mit Eiern, Rosinen und Rum vermengen, über die Kipferl gießen und einziehen lassen.
Kleine feuerfeste Formen mit Butter ausstreichen und mit Zucker ausstreuen, Kipferlmasse einfüllen.
In eine geräumige Pfanne 2 cm hoch heißes Wasser füllen, Formen in das Wasserbad setzen und im Rohr bei 180 °C 20 Minuten backen.
Schlagobers mit Vanillezucker halbsteif schlagen.
Fertiges Kipferlkoch auf Teller stürzen, mit Vanilleobers und Himbeersaft vollenden.

Omas **Grießsterz** mit glasierten Äpfeln

Ich liebe dieses einfache Rezept meiner Großmutter. Ohne Eidotter und Eischnee kommt der pure Grießgeschmack hundertprozentig zur Geltung.

Milch mit Butter, 1 EL Zucker und einer Prise Salz aufkochen. Grieß beimengen und auf leichter Flamme 2 bis 3 Minuten leicht köcheln, danach abkühlen lassen. In einer Pfanne Butter aufschäumen, Grießmasse und Rosinen darin verteilen.
Mit Hilfe einer Palette die Grießmasse in beliebige Stücke zerteilen und goldgelb braten.
Äpfel schälen, entkernen und in beliebige Stücke schneiden.
In einer Pfanne 1 EL Butter aufschäumen, 1 EL Zucker beigeben und kurz karamellisieren. Apfelstücke beigeben, so lange durchschwenken, bis diese eine leicht bräunliche Farbe annehmen.
Glasierte Äpfel aus der Pfanne heben und im Grießsterz gleichmäßig verteilen, mit Staubzucker und Zimt bestreut servieren.

Zutaten für 4 Personen

500 ml Milch
60 g Butter
2 EL Kristallzucker
1 Prise Salz
220 g Grieß
Butter zum Braten
2 EL Rosinen
2 Äpfel
Staubzucker
Zimt

Geeistes **Grießkoch**

Ein herrlich leichtes Dessert, das man wunderbar vorbereiten kann und das noch dazu unbegrenzte Kombinationsmöglichkeiten bietet.

Zucker, Vanillezucker, Zimt, Prise Salz und Milch in einen Topf geben und aufkochen. Den Grieß mit Hilfe eines Schneebesens einrühren und auf kleiner Flamme etwa 2 Minuten verköcheln lassen. Grießkoch beiseitestellen und abkühlen lassen. Gelatine in wenig kaltem Wasser einweichen, ausdrücken und unter die noch warme Grießmasse rühren. Zitronenschale und Rum zufügen. Das Schlagobers halbsteif schlagen und vorsichtig unterheben, damit die Masse schön locker wird. Kleine Formen mit etwas Butter ausstreichen, die Grießmasse einfüllen und zugedeckt im Kühlschrank ca. 4 Stunden fest werden lassen.
Vor dem Servieren die Formen kurz in heißes Wasser tauchen und das geeiste Grießkoch auf Teller stürzen. Am besten mit frischen Früchten servieren.

Zutaten für 4 Personen

40 g Zucker
20 g Vanillezucker
1 Msp. Zimt
1 Prise Salz
250 ml Milch
40 g Grieß
2 Blatt Gelatine
geriebene Schale von 1 Zitrone
2 EL Rum
250 g Schlagobers
Butter für die Formen

Mohr im Hemd

Eine der wenigen Süßspeisen, von denen ich nicht genug bekommen kann. Leider mittlerweile eine Rarität auf den Dessertkarten.

Die Kochschokolade im Wasserbad schmelzen. Eier trennen. Butter schaumig rühren, nach und nach die Eigelbe zufügen, die Kochschokolade und den Rum unterrühren. Das Eiklar mit einer Prise Salz und dem Zucker zu steifem Schnee schlagen und mit den Mandeln vorsichtig unter die Schokomasse heben. Kleine feuerfeste Formen mit Butter ausstreichen, mit Zucker ausstreuen und die Schokomasse einfüllen. In eine feuerfeste Form 2 cm hoch heißes Wasser geben, Formen hineinsetzen und im auf 180 °C vorgeheizten Rohr 20 Minuten garen.

Für die Schokosauce Butter und Kochschokolade in einem kleinen Topf am Herd vorsichtig schmelzen, danach den Rum zufügen.

Das Schlagobers mit Vanillezucker halbsteif aufschlagen. Mohr heiß aus der Form lösen und auf vorgewärmte Teller setzen, mit Schokosauce übergießen und mit Schlagobers garnieren.

Zutaten für 4 Personen

70 g Kochschokolade
6 Eier
70 g handwarme Butter
2 EL Rum
1 Prise Salz
80 g Zucker
40 g geriebene Mandeln
Butter und Kristallzucker für die Formen
250 ml Schlagobers
1 EL Vanillezucker

Für die Schokosauce

100 g Butter
150 g Kochschokolade
3 EL Rum

Graumohnpalatschinken mit Weichselröster

Ich bevorzuge bei Mohn die gestoßene anstatt der gemahlenen Ware, da diese aromatischer ist und die Fülle damit noch saftiger wird.

Zutaten für 4 Personen

Für den Weichselröster

250 g Weichselkompott
2 Gewürznelken
1/2 Zimtstange
1 TL Vanillezucker
1 Msp. Erdäpfelstärke

Für die Fülle

250 ml Milch
200 g geriebener Graumohn
60 g Zucker
1 EL Honig
1 EL Rum
1 Msp. Zimt

Für die Palatschinken

120 g Mehl
250 ml Milch
2 Eier
1 Prise Salz

Für den Weichselröster Weichselkompott abseihen, dabei den Saft auffangen. Weichselsaft mit Nelken, Zimtstange und Vanillezucker aufkochen. Erdäpfelstärke mit 1 EL kaltem Wasser vermengen und Weichselsaft damit abziehen. Kurz aufkochen lassen, Weichseln zufügen und durchziehen lassen.

Für die Fülle Milch mit Mohn, Zucker, Honig, Rum und Zimt aufkochen, dann einige Zeit durchziehen lassen.

Für die Palatschinken alle Zutaten zu einem geschmeidigen Teig verrühren. Nach und nach den Teig dünn in eine beschichtete Pfanne fließen lassen und beidseitig dünne Palatschinken backen. Palatschinken mit Mohnfülle bestreichen und einrollen, mit Weichselröster servieren.

TIPP Und wenn gar keine Zeit ist, dann bestreichen Sie die Palatschinken ganz einfach mit etwas Marmelade und genießen diese ohne jede weitere Beilage.

Topfenknödel
mit Graumohn

Sie können die Topfenknödel nach Lust und Laune auch mit Butter-Zimt-Bröseln servieren.

Alle Zutaten rasch zu einem Teig verarbeiten. Die Masse kann sofort oder auch gekühlt verwendet werden. Teig zu Knödel formen. In einem großen Topf Wasser mit Rum, Zucker und einer Prise Salz zum Kochen bringen, die Topfenknödel einlegen, einmal aufkochen und 10 Minuten ziehen lassen.

Die Topfenknödel aus dem Kochfond heben, abtropfen lassen und großzügig mit Mohn bestreuen. Auf vorgewärmten Tellern mit etwas zerlassener Butter anrichten, mit Staubzucker bestreuen. Dazu passt am besten Kompott.

Zutaten für 4 Personen

Für den Teig

500 g Topfen (10% Fett)
125 g Mehl
1 Ei
1 Eidotter
30 g Butter
30 g Staubzucker
1 Prise Salz

Für das Knödelwasser

3 EL Rum
3 EL Zucker
1 Prise Salz

Zum Anrichten

einige EL geriebener Graumohn
zerlassene Butter
Staubzucker

Cremeschnitte

Für mich die Kindheitserinnerung schlechthin: Wer nach dem Kirchgang beim so genannten „Frühschoppen" die Cremeschnitte in einem Stück verschlingen konnte, wurde auf die zweite eingeladen - was mir leider nie gelungen ist.

3-4 Rollen Blätterteig
375 ml Milch
1 Pkg. Vanillepudding
1 l Patisseriecreme
6 EL Zucker
3 Pkg. Vanillezucker
4 Pkg. Sahnesteif
rote Marmelade nach Belieben

Für die Glasur
200 g Staubzucker, gesiebt
Saft von ½ Zitrone

Blätterteig einzeln auf das Blech rollen, mit einer Gabel mehrmals einstechen und im vorgeheizten Rohr bei 200 °C Ober- und Unterhitze goldgelb backen (dauert ca. 10 Minuten).
125 ml Milch mit Puddingpulver verrühren. Restliche Milch aufkochen und die Puddingmasse einrühren. Erkalten lassen, dabei öfters umrühren, damit der Pudding nicht klumpt.
Patisseriecreme stark aufschlagen, Zucker, Vanillezucker, Sahnesteif und kalten Pudding einrühren (nicht mehr schlagen).

Staubzucker mit 1 EL heißem Wasser und Zitronensaft gut vermengen und so lange rühren, bis eine Glasur entsteht.
Abwechselnd Blätterteig und Creme auflegen. Die letzte Schicht muss Blätterteig sein. Darauf Marmelade dünn auftragen und die Glasur glatt darüberziehen. Für 2 bis 3 Stunden im Kühlschrank kalt stellen. Wenn es schnell gehen soll, in den Tiefkühler stellen. Die Cremeschnitten kann man am besten mit einem heißen scharfen Messer (kurz in kochendes Wasser getaucht) portionieren.

Biskuitroulade

Ein Grundpfeiler der Wiener Mehlspeisküche.
Schmeckt pur oder auch gemeinsam mit Früchten und Eis.

Eier trennen. Dotter mit 30 g Kristallzucker, Vanillezucker sowie einer Prise Salz schaumig rühren. Eiklar mit dem restlichen Kristallzucker zu einem steifen Schnee schlagen.
Eischnee und Mehl vorsichtig unter die Dottermasse heben, auf einem mit Backpapier ausgelegten Backblech bei 180 °C im vorgewärmten Backrohr ca. 15 Minuten goldbraun backen. Noch heiß auf ein ausgelegtes Backpapier stürzen, das Papier von der Roulade abziehen, mit Marillenmarmelade bestreichen und einrollen. Mit Staubzucker bestreut servieren.

Zutaten für 1 Roulade

6 Eier
130 g Kristallzucker
1 Pkg. Vanillezucker
1 Prise Salz
110 g Mehl
Marillenmarmelade
Staubzucker

Wiener **Schlosserbuben**

Eine Alternative zu den Schlosserbuben sind die Wiener Wäschermädel, bei denen anstelle von Dörrzwetschken Marillen (wobei der Kern durch eine aus Marzipan geformte Kugel ersetzt wird) verwendet werden. Außerdem werden sie nur in Staubzucker gewendet.

Zutaten für 4 Personen

500 ml Rotwein
1 Zimtstange
2 Gewürznelken
24 Dörrzwetschken
12 Mandeln
2 EL Erdäpfelstärke
Öl zum Backen
4 EL Kristallzucker
4 EL geriebene Schokolade

Für den Backteig

250 ml Weißwein
250 g Mehl
3 Eier
1 EL Vanillezucker
2 EL Öl
Salz

Rotwein mit Zimtstange und Gewürznelken aufkochen, Dörrzwetschken einlegen, einmal aufkochen lassen, beiseitestellen und auskühlen lassen.
Dörrzwetschken gut abtrocknen. Je zwei Dörrzwetschken mit einer Mandel dazwischen zusammensetzen.

Für den Backteig Wein mit Mehl glatt rühren.
Eier trennen. Dotter, Salz, Vanillezucker und Öl in die Weinmasse einrühren. Eiklar mit einer Prise Salz zu steifem Schnee schlagen und unter den Teig heben.
Die gefüllten Dörrzwetschken in Erdäpfelstärke wenden (dadurch bleibt der Backteig besser haften), mit Hilfe einer Gabel durch den Backteig ziehen und Schlosserbuben im heißen Fett goldbraun backen.
Herausnehmen und auf einem Küchenpapier abtropfen lassen. Vor dem Servieren in einer Mischung aus Zucker und geriebener Schokolade wenden.

Punschkrapferl

Der Inbegriff der süßen österreichischen Sünde. Nur echt mit rosaroter Glasur!

Eier trennen. Dotter mit 30 g vom Kristallzucker sowie Vanillezucker und einer Prise Salz schaumig rühren. Eiklar mit dem restlichen Kristallzucker zu steifem Schnee schlagen. Eischnee und Mehl vorsichtig unter die Dottermasse heben, auf einem mit Backpapier ausgelegten Backblech im auf 180 °C vorgeheizten Rohr ca. 15 Minuten goldbraun backen. Noch heiß auf ein ausgelegtes Backpapier stürzen und kurz abkühlen lassen. Mit Hilfe eines Keksausstechers kleine Quadrate ausstechen.

Für die Fülle die Biskuitreste mit Biskotten klein zerbröseln, mit Rum, Nüssen, Marmelade, Orangen- und Zitronensaft vermengen und gut durchziehen lassen. Jeweils zwei Biskuitquadrate mit der Fülle dazwischen zusammensetzen.

Für die Glasur Staubzucker mit 2 EL heißem Wasser, Zitronen- und Himbeersaft glatt rühren, die Punschkrapfen damit überziehen und mit jeweils einer eingelegten Kirsche verzieren.

Für das Biskuit
6 Eier
130 g Kristallzucker
1 Pkg. Vanillezucker
1 Prise Salz
110 g Mehl

Für die Fülle
Biskuitreste vom Ausstechen
10 Biskotten
125 ml Rum
50 g geriebene Haselnüsse
2 EL Ribiselmarmelade
Saft von 1 Orange
Saft von 1 Zitrone

Für die Glasur
400 g Staubzucker
Saft von 1/2 Zitrone
1 EL Himbeersaft
eingelegte Kirschen zum Verzieren

Ölgugelhupf

Meiner Meinung nach gehört der Gugelhupf mit den Fingern gebrochen und gegessen. Nur so schmeckt er wirklich gut.

Zutaten für 1 Gugelhupf

6 Eier
90 g Staubzucker
1 Pkg. Vanillezucker
125 ml Öl
90 g Kristallzucker
130 g Mehl
50 g Kakaopulver
Butter und Mehl für die Form

Eier trennen. Dotter, Staubzucker und Vanillezucker schaumig rühren, nach und nach langsam Öl zugeben, bis die Masse deutlich an Volumen zugenommen hat. Eiklar mit dem Kristallzucker zu einem kompakten Schnee schlagen. Das Mehl sowie den Eischnee vorsichtig unter die Dottermasse heben.
In eine Hälfte der Masse das Kakaopulver vorsichtig mit einem Schneebesen einrühren.
Gugelhupfform mit flüssiger Butter ausstreichen und mit Mehl stauben.
Abwechselnd schichtweise Dotter- sowie Kakaomasse in die Form füllen und im vorgeheizten Backrohr bei 180 °C ca. 45 Minuten backen.

Wiener **Apfel**strudel

Ich streiche den noch heißen fertigen Apfelstrudel gerne noch mit etwas flüssiger Butter ein, dadurch wird der Strudelteig noch knuspriger und geschmackvoller.

Für den Strudelteig

250 g glattes Mehl
125 ml warmes Wasser
1 kleines Ei
Salz
1 EL ÖL

Für die Fülle

800 g Äpfel
80 g Zucker
5 EL Rum
3 EL Butter
120 g Brösel
Rosinen nach Geschmack
Zimt

flüssige Butter
Staubzucker

Aus Mehl, Wasser, Ei und Salz einen weichen Teig kneten, mit Öl bestreichen und rasten lassen. (Oder einen fertigen Strudelteig verwenden.)
Äpfel schälen und blättrig schneiden, mit Zucker und Rum marinieren. Butter in einer Pfanne aufschäumen lassen und die Brösel darin goldbraun rösten. Brösel mit den abgeschmeckten Äpfeln vermengen, nach Belieben Rosinen bzw. etwas Zimt zufügen.
Strudelteig ausziehen bzw. den fertigen Teig auflegen. Mit flüssiger Butter beträufeln, mit Apfelfülle belegen, einrollen, mit flüssiger Butter bestreichen und im 180 °C heißen Rohr goldgelb backen. Angezuckert servieren.

Topfenkolatschen

Der Name Kolatsche ist abgeleitet von „kolo", dem tschechischen Wort für Rad. Vermutlich hängt die Bezeichnung mit der Radform des Gebäcks zusammen, gleichwohl die meisten Kolatschen heutzutage ein eckiges Erscheinungsbild besitzen.

200 g Topfen
65 g Zucker
2 Eigelb
10 g Vanillepuddingpulver
20 g flüssige Butter
70 g Rosinen
1 Pkg. Vanillezucker
2 Pkg. Plunderteig
1 versprudeltes Ei zum Bestreichen
Staubzucker zum Bestreuen

Für die Fülle den Topfen mit Zucker, Eigelb, Puddingpulver, flüssiger Butter, Rosinen und Vanillezucker verrühren.
Den fertigen Plunderteig ausrollen und in gleichmäßige Quadrate schneiden. Jeweils etwas von der Topfenfülle in die Mitte der Quadrate geben und die Ecken zusammenklappen.
Kolatschen mit dem versprudelten Ei bepinseln, im Rohr bei 180 °C 20 Minuten goldgelb backen.
Danach kurz überkühlen lassen, mit Staubzucker bestreuen.

A

B

C

D

E

F

G

H

J

K

Ein A la Carte-Kochbuch im D+R Verlag

Herausgeber, Redaktion und Konzept Christian Grünwald
Chefin vom Dienst Katharina Kunz
Fotos Luzia Ellert, Manfred Klimek
Grafik Sarka Langer-Dejmalova
Lektorat Martin Grill, Charlotte Richter
Produktion Martina Moser

Reproduktion Repromedia 1110 Wien
Druck Wograndl Druck 7210 Mattersburg, printed in Austria
4. Auflage 2008
Hersteller D+R Verlag 1110 Wien, Leberstraße 122
Telefon +43/1/740 77-0
www.alacarte.at, www.dundr.at

ISBN 978-3-902469-11-3

EDITION A LA CARTE